Gruppo Italiaidea

NEW Italian Espresso

WORKBOOK

beginner and pre-intermediate

Italian course for English speakers

La scuola: Italiaidea

Italiaidea è una scuola di lingua e cultura italiana fondata nel 1984 a Roma e riconosciuta dal Ministero della Pubblica Istruzione. Dal 1987 propone corsi validi per l'ottenimento di crediti accademici presso numerose università statunitensi tra cui Cornell University, Dartmouth College e Rhode Island School of Design. L'elevata esperienza acquisita da Italiaidea nell'insegnamento e nell'elaborazione di programmi su misura per studenti angolofoni è alla base della realizzazione di *New Italian Espresso*.
Per ulteriori informazioni: www.italiaidea.com

Gli autori

Paolo Bultrini insegna lingua italiana dal 1991. Dal 2000 lavora presso **Italiaidea** come coordinatore didattico e insegnante di vari programmi universitari americani a Roma. Si occupa di formazione didattica e dal 2008 tiene seminari di aggiornamento per insegnanti di lingua italiana.
Per questa edizione ha curato: le lezioni 1, 2, 4, 7, 8, 9 e 12 del *Textbook* e le lezioni 1, 2, 7, 9, 12 e 13 del *Workbook*.

Filippo Graziani insegna lingua italiana dal 1996, negli Stati Uniti e successivamente in Italia. Dal 1998 è coordinatore didattico e insegnante di vari programmi universitari americani a Roma presso **Italiaidea**, dove si occupa inoltre dello sviluppo di materiali didattici ed è responsabile della formazione per insegnanti.
Per questa edizione ha curato: le lezioni 3, 5, 6, 10, 11, 14 e 15 del *Textbook* e le lezioni 3, 4, 5, 6, 8, 10, 11, 14 e 15 del *Workbook*.

In *New Italian Espresso* sono inoltre stati parzialmente utilizzati e rielaborati materiali creati da **Maria Balì**, **Nicoletta Magnani**, **Giovanna Rizzo** e **Luciana Ziglio** per *Italian Espresso 1* (ALMA Edizioni, 2006).

Si ringrazia **Anna Clara Ionta** (Loyola University of Chicago) per la consulenza didattica e **Chiara Alfeltra**, **Laura Mansilla**, **Francesca Romana Patrizi** e **Matteo Scarfò** per la loro collaborazione.

Direzione editoriale: **Ciro Massimo Naddeo**
Redazione: **Euridice Orlandino** e **Chiara Sandri**
Layout: **Lucia Cesarone** e **Gabriel de Banos**
Copertina: **Lucia Cesarone**
Impaginazione: **Gabriel de Banos**
Illustrazioni: **ofczarek!**

Printed in Italy
ISBN: 978-88-6182-357-0

ALMA Edizioni
viale dei Cadorna, 44
50129 Firenze
alma@almaedizioni.it
www.almaedizioni.it

47 open audio file (number **47** in this example) in the **DVD ROM** (provided with the **Textbook**).

For **Workbook** keys, go to **www.almaedizioni.it** and click on the **New Italian Espresso** banner.

Indice

primi contatti

1 Lessico

Match up the dialogues and then indicate the time of day these phrases are used.

1 Buona sera,	Franca!
2 Oh, ciao	Giuseppe!
3 Ciao,	signora!
4 Buongiorno,	dottore!

	numero

2 Lessico

Fill in the blanks with the words in the lists.

chiami sono sono come

1 ■ Buongiorno. Io ________ Sara Patti. E tu ________ ti ________?
▼ Io ________ Marco.

tu chiamo mi

2 ■ Io ________ ________ Andrea. E ________?
▼ Paola.

ti chiami come sono piacere

3 ■ Ciao ________ Rosa. E tu ________ ________ ________?
▼ Paola. ________!

3 Alfabeto

Complete the alphabet.

Lettere italiane: a - ____ - ci - ____ - e - ____ - ____ - acca - i - ____ - emme -

enne - o - ____ - ____ - erre - esse - ____ - ____ - ____ - ____

Lettere straniere: ____________ - kappa - ____________ - ____________ - ____________

1

4 Alfabeto

Write the letters below in the spaces. The resulting words will form a sentence.

1. a - elle - effe - a - bi - e - ti - o L' _ _ _ _ _ _ _ _
2. i - ti - a - elle - i - a - enne - o _ _ _ _ _ _ _ _
3. acca - a _ _
4. vi - e - enne - ti - u - enne - o _ _ _ _ _ _ _
5. elle - e - ti - ti - e - erre - e _ _ _ _ _ _ _

5 Pronuncia

Underline the words which have the same sound as **caffè**, *as in the example.*
The initials of the remaining words will complete the name of a region of Italy.

1. spaghetti
2. macchina
3. radicchio
4. ciao
5. zucchero
6. lago
7. chitarra
8. cuoco
9. chiave
10. zucchini
11. cuore
12. Monaco
13. prosecco
14. arancia

La regione italiana è
la ___ i ___ i ___ i ___ .

6 Pronuncia

9

Listen and complete.

________rmania	spa________tti	________rda	__________re
buon________rno	pre_____	ra_______	fun_______
________o	zuc_______ero	pia_________re	________ffè
mac______na	________tarra	arriveder_______	
______rnale	la_______	________co	

1

7 Lessico

Write under the pictures the corresponding names in Italian and then check your answers looking at activity 9, Lesson 1 of the textbook.

____

____

____

____

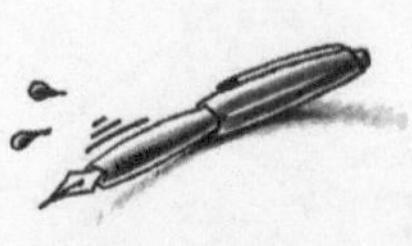
____

____

____

____

8 Lessico

Compose country names, as in the example.

~~Au~~ - gna   Ger - zera   Ita - mania   Fran - gallo   Spa - lia

Porto - ~~stria~~   Sviz- terra   Irlan - cia   Inghil - da

Austria ______ ______
______ ______ ______
______ ______ ______

9 Aggettivi di nazionalità

Complete the sentences with the nationalities. The highlighted boxes will give you the name of a European country.

1. Gudrun è __ __ __ __ ▇ __ __ __ __, di Vienna.
2. Klaus, sei __ __ __ __ __ __ __ ▇ ? - No, vivo a Berlino ma sono di Zurigo.
3. Kate è __ ▇ __ __ __ __ __ __ __ __, di New York.
4. Sei di Parigi? - Sì, sono __ __ ▇ __ __ __ __ __.
5. Terence è __ ▇ __ __ __ __ __ __, di Londra.
6. Mary è ▇ __ __ __ __ __ __ __ __ __, di Dublino.
7. Sofia è __ __ __ __ __ __ __ ▇, di Roma.

Soluzione: ▇ ▇ ▇ ▇ ▇ ▇ ▇

10 Presente indicativo | *Essere e chiamarsi*

Complete the sentences below with the verbs in the list.

sei | ti chiami | mi chiamo | sei | sono | ti chiami | sei

1. Io __________ irlandese, di Dublino.
2. Tu __________ francese?
3. ■ __________ Jack Daly.
   ▼ E tu come __________?
4. Tu __________ svizzera?
5. Come __________?
6. Tu di dove __________?

11 Presente indicativo

Complete the conversations using the present tense of the verbs in brackets.

1

■ Ciao, *(io - essere)* ____________ Jennifer. Tu come *(chiamarsi)* ____________?

▼ *(Io - Chiamarsi)* ____________ Antonio. *(Tu - Essere)* ____________ americana?

■ No, *(io - essere)* ____________ inglese, di Londra, ma *(studiare)* ____________ in Italia.

▼ Che cosa *(tu - studiare)* ____________?

■ *(Studiare)* ____________ arte e italiano. E tu?

▼ Economia.

2

▼ Frank, di dove *(tu - essere)* ____________?

■ *(Io - Essere)* ____________ di Berlino, ma *(lavorare)* ____________ a Milano.

▼ *(Tu - Abitare)* ____________ in centro a Milano?

■ No, *(io - abitare)* ____________ in periferia.

12 Aggettivi di nazionalità e preposizioni *in, a, di*

Complete the conversations with the nationalities and underline the correct preposition, as in the example.

1

Esempio:
■ Cristina, di dove sei?
▼ Sono (Spagna) spagnola, **a/di** Madrid.

1 ■ Rose, sei (Inghilterra) ____________?
▼ No, sono (Irlanda) ____________, ma abito **in/a** Londra.

2 ■ Giulio, studi **in/a** Italia?
▼ Sì, studio **in/a** Milano.

3 ■ Frank, di dove sei?
▼ Sono (America) ____________, **a/di** Boston.
■ E abiti **in/a** Boston?
▼ No, abito **in/a** California.

4 ■ Klara, sei (Germania) ____________?
▼ No, sono (Austria) ____________, **a/di** Vienna.

5 ■ Mario, di dove sei?
▼ Sono (Italia) ____________, **a/di** Firenze, ma lavoro **a/di** Milano.

13 Presente indicativo

Complete the following text with the present tense of the verbs in brackets.

Io (*chiamarsi*) ______________ Giovanni, (*essere*) ____________ di Napoli ma (*abitare*) ______________ a Bologna. (*Io - lavorare*) _______________ in una scuola, (*insegnare*) ______________ matematica. Quando non (*io - lavorare*) ______________, (*ascoltare*) ____________ musica classica e (*studiare*) ____________ inglese.

14 Numeri da 0 a 20

10

Which numbers do you hear? Listen to the recording and circle the correct numbers.

3 - 13	4 - 14	5 - 15	6 - 7	6 - 16
11 - 12	16 - 17	8 - 18	9 - 19	7 - 17

15 Numeri da 0 a 20

Complete the crossword puzzle with the following numbers.

ACROSS→ 0, 2, 4, 5, 7, 10, 12, 16, 18 DOWN ↓ 3, 6, 8, 9, 11, 13, 15, 17, 20

16 Numeri da 0 a 20

To find your way out of the maze, start at number 20. Look at the surrounding boxes and find the preceding number (19), then 18 etc. until you get to 0. If you have followed the correct route, the letters above the numbers will form a sentence.

Partenza

C venti	F otto	G sei	I venti	O dieci	R tre	U sedici	G cinque
I diciannove	A diciotto	H nove	R undici	S nove	T diciotto	Z quindici	F sette
B due	O diciassette	P dodici	L diciannove	S otto	I sette	O tre	L due
D sette	A sedici	A tredici	M uno	P diciassette	M sei	V quattro	T uno
E dodici	L quindici	L quattordici	N zero	Q dodici	A cinque	Q quattordici	A zero

Arrivo

Soluzione: _ _ _ _, _!

17 Combinazioni

Put the questions in order and match them with the correct answers, as in the example.

1 b centro / abiti / in — Abiti in centro ?
2 ☐ chiami / ti / come — ___?
3 ☐ sei / dove / di — ___?
4 ☐ è / il tuo/ indirizzo / qual — ___?
5 ☐ è / il tuo numero / di telefono / qual — ___?
6 ☐ studi / cosa / che — ___?
7 ☐ è / e-mail/ la tua /qual — ___?

a 3374965. ☒ No, abito in periferia. c ginomori67@libero.it d Economia.
e Sono di Milano. f Viale Manzoni, 16. g Mi chiamo Claudia.

18 Lessico

When do you use the following expressions?

Ciao! | A presto! | Buonasera! | A domani! | Buonanotte! | Arrivederci! | Buongiorno!

quando arrivi: ___

quando vai via: ___

1

buon appetito!

1 Lessico

You usually leave it for the waiter in a café or a restaurant. What is it and what is it called in Italian? Look at the following items, then write their Italian names in the boxes and you will find the solution in the highlighted boxes.

2 Sostantivi

Which of these words are singular and which are plural? Complete the table below as in the examples.

cappuccino · patatine · spremuta · birre · ~~spaghetti~~ · pizze · cornetti

aperitivo · aranciate · gelato · pomodoro · ~~marmellata~~ · crema

panini · cioccolato · paste

singolare	plurale
marmellata	spaghetti

3 *Questo* e *quello*

Complete the conversations with the words in the list. Then check your answers looking at activity 6, Lesson 2 of the textbook.

questa | quella | questo | quello

4 *Questo* e *quello*

Complete the forms of **questo** *and* **quello** *with the appropriate vowel.*

1 Quest___ è un tramezzino.
2 Quell___ è una granita.
3 Quest___ è un'aranciata.
4 Quell___ è un succo di pompelmo.
5 Quest___ è un cannolo.
6 Quell___ è una macedonia.

5 Sostantivi

Complete the following tables, as in the examples.

maschile ♂	
singolare	**plurale**
gelato	gelati
	panini
tramezzino	
limone	
aperitivo	
	bicchieri
pesce	
	cornetti

femminile ♀	
singolare	**plurale**
pasta	paste
alice	
	aranciate
	birre
	marmellate
crema	
	pizze
cioccolata	

2

6 Lessico

Complete each series of foods and recipes with the words in the list, as in the example. Then indicate to which "family" all these words belong, still following the example.

arrosto ~~bruschette~~ frutta macedonia peperoni purè risotto tortellini trota prosciutto e melone

1. Verdure miste, bruschette, affettati, __________ → Antipasti
2. __________, bistecca, __________, sogliola → __________
3. Panna cotta, __________, tiramisù, __________ → __________
4. Lasagne, __________, __________, minestrone → __________
5. __________, spinaci, __________, patatine → __________

7 Dialogo scombinato

At the restaurant. The customer's answers (on the right) are not in order. Put them in the correct order.

1 ☐ Buongiorno, vuole il menù?	a Un quarto di vino bianco.
2 ☐ Arrosto di vitello, pollo o sogliola.	b No, naturale.
3 ☐ E da bere?	c No, grazie, vorrei solo un secondo. Cosa avete?
4 ☐ Desidera ancora qualcos'altro?.	d Sì, mezza minerale.
5 ☐ Gasata?	e Va bene. Prendo la sogliola.

2

8 Lessico

There is a word in every box which is the odd one out. Which is it?

1. gelato tiramisù frutta insalata
2. spaghetti tortellini trota minestra
3. limone latte fragola arance
4. pane pizza toast aperitivo
5. cappuccino caffè tè gelato

9 Articoli determinativi

Complete the table with the missing articles and change every article and noun to singular or plural, as in the example.

singolare	plurale
il gelato	i gelati
	___ minestre
	gli affettati
lo spumante	
il bicchiere	
___ cornetto	
___ antipasto	
la fragola	
	___ pesci

10 Dialogo scombinato

Here is a conversation between a waiter and a customer. Put the phrases in the correct order, as in the example.

☐ ■ D'accordo.
☐ ■ Prende il caffè? Un amaro?
☐ ■ Certo, signora. Desidera ancora qualcos'altro? Come dessert abbiamo…
☐ ■ Sì, dica!
☐ ▼ No, grazie, va bene così.
☐ ▼ Eh, magari un caffè, grazie. E poi il conto, per cortesia.
1 ▼ Scusi!
☐ ▼ Mi porta ancora un po' di vino, per favore?

11 Articoli indeterminativi

Write the words in the list with the indefinite article, as in the example.

cornetto | ~~birra~~ | bicchiere d'acqua minerale | spremuta | tè | aranciata
panino imbottito | tramezzino | pizzetta | bicchiere di latte | pasta alla crema

Se ho fame prendo...	Se ho sete prendo...
______	una birra
______	______
______	______
______	______
______	______
______	______

12 Verbo *prendere* e articoli indeterminativi

Complete the sentences with the verb **prendere** *on the continous lines (_______) and with the indefinite article on the dotted lines (- - - - - - -).*

1 ■ Cosa ______________?
▼ ______________ - - - - - - - aranciata, e tu?
■ Io ______________ - - - - - - - spremuta di pompelmo.

2 ■ Franco, anche tu ______________ - - - - - - - cappuccino?
▼ No, io ______________ - - - - - - - bicchiere d'acqua minerale.

3 ■ Allora io ______________ - - - - - - - birra.
▼ Per me - - - - - - - spumante.

2

13 Articoli determinativi e indeterminativi

Underline the correct article.

Una/La signora, **uno/un** signore e **un/un'** ragazzo vanno in **un/una** bar. Lei prende **un/uno** cornetto con **la/l'** crema e da bere **un'/un** tè al latte. **Il/Un** signore prende **uno/un** tramezzino e poi ordina **una/un'** birra. **Il/Lo** ragazzo preferisce bere solo **un'/una** aranciata e non mangia niente.

14 Lessico

Complete the conversation with the expressions in the list. (S = *Signora,* C = *Cameriere)*

Grazie | per favore | per cortesia | signora | Scusi | Prego

S ______________!
C Sì, mi dica.
S Mi porta una birra, ______________?
C Subito ______________, piccola o media?
S Piccola. E vorrei anche un'altra coca cola per il bambino, ______________.
C Certo.
S ______________.
C ______________.

2

15 Numeri da 20 a 100

Write the numbers out in words.

ACROSS →
1 90
4 12
8 100
9 30
10 6
11 78
12 86
13 3
14 88
15 7
16 0

DOWN ↓
2 29
3 34
4 17
5 18
6 52
7 49
10 70

16 Numeri da 20 a 100

16 ((▶

How do we read out telephone numbers? Listen to the recording and circle the correct number.

	a	b
1 Ada Bianchi	☐ 12 81 3 26	☐ 12 81 32 6
2 Lucia Mannucci	☐ 81 40 89	☐ 81 4 0 8 9
3 Piero Marchi	☐ 68 18 1 24	☐ 6 8 1 8 1 24
4 Stefano Rosi	☐ 93 3 21 7	☐ 9 3 3 2 1 7

17 Numeri da 20 a 100

Do the following calculations, as in the example. If the answers are correct the highlighted boxes will show a waiter's workplace.

26 + 10 = (+ più)
100 - 22 = (- meno)
78 : 2 = (: diviso)
43 x 2 = (x per)

1 Ventisei più dieci fa ___ ___ ___ ___ ___ ___ ___ ___ ___ ___
2 ______________________ ___ ___ ___ ___ ___ ___ ___ ___ ___ ___ ___ ___ ___
3 ______________________ ___ ___ ___ ___ ___ ___ ___ ___ ___ ___
4 ______________________ ___ ___ ___ ___ ___ ___ ___ ___ ___ ___ ___

Soluzione: il cameriere lavora in un ___ ___ ___ ___ ___ ___ ___ ___ ___ ___

18 Pronuncia

a. *Repeat the words, noting the difference between the ʧ and ʤ sounds.*

	ʧ	ʤ		ʧ	ʤ
1	mancia	mangiare	4	ghiaccio	giorno
2	per piacere	gelato	5	cappuccino	Luigi
3	amici	Gigi	6	cucina	cugina

b. *Listen to the words and check the boxes corresponding to the sounds you hear.*

18 ((▶

	ʧ	ʤ		ʧ	ʤ
1	☐	☐	6	☐	☐
2	☐	☐	7	☐	☐
3	☐	☐	8	☐	☐
4	☐	☐	9	☐	☐
5	☐	☐	10	☐	☐

io e gli altri

1 *Questo o questa?*

Complete the forms of ***questo*** *with the appropriate vowel.*

1 Quest_____ è il signor Lucchetti.
2 Quest_____ è la signora Doliana.
3 È quest_____ Eva?
4 Quest_____ è un mio amico spagnolo.
5 È quest_____ il tuo indirizzo?
6 Quest_____ è la mia seconda lezione d'italiano.

2 Lessico

Complete the conversation and then insert the words into the crossword. The dark boxes will give you the name of a famous Italian singer.

■ Ehi, ciao Silvio. 3 ___________ stai?
▼ Ciao, Mara. Sto 1 ___________! E tu?
■ Anch'io… Ah, 4 ___________ è Carlos, un mio amico spagnolo.
● Piacere!
■ Sai, Carlos parla 5 ___________ bene l'italiano.
● Grazie, Silvio, ma non è così!
E tu Mara, 7 ___________ lo spagnolo?
■ No, lo spagnolo no, ma parlo 2 ___________ svedese.
● Veramente? È una lingua difficile?
■ Mah, la grammatica non molto ma 6 ___________ parole e la pronuncia sono molto diverse dall'italiano.

				1	■	□	□	□
			2	□	■			
				3	■	□	□	□
		4	□	□	■	□	□	□
		5	□	□	■	□	□	
				6	■	□		
7	□	□	□	□	■			

3 Presente Indicativo | Persone singolari

Complete the sentences with the verbs in brackets.

1 Maddalena (*parlare*) _________________ tre lingue.
2 Pietro (*lavorare*) _________________ a Firenze.
3 Tu (*studiare*) _________________ o (*lavorare*) _________________ ?
4 ■ Franco, di dove (*essere*) _________________ ?
● (*Io - essere*) _________________ di Palermo.
5 Questa (*essere*) _________________ Giulia, una mia amica.
(*Lei - studiare*) _________________ economia a Firenze.

4 Presente indicativo | Terza persona singolare

Answer the questions with a full sentence, as in the example.

Carlo Bianchi / Torino / ingegnere	Uta Reimers / Berlino / segretaria
Jeanine Petit / Parigi / insegnante	Pedro Rodriguez / Siviglia / studente

1. Come si chiama il signor Bianchi? Il Signor Bianchi si chiama Carlo.
2. La signora Reimers è interprete? ______
3. Uta è tedesca? ______
4. Jeanine studia? ______
5. Che lavoro fa il signor Bianchi? ______
6. Pedro lavora? ______
7. Chi lavora in una scuola? ______
8. Di dov'è Pedro? ______

5 Presente indicativo | Persone singolari

Complete the sentences with the verbs in the list, as in the examples.

è | abita | ho | sono | fa | va | lavoro | abiti | fai | parla | parlo | ~~lavora~~ | ha | ~~cerca~~

1. Si chiama Marie Dupont, ______ francese, di Marsiglia e ______ la segretaria. ______ lo spagnolo e l'italiano.

2. Mario, dove ______? Che lavoro ______?

3. Mi chiamo Aldo Fusini. ______ 26 anni e ______ di Napoli. ______ in un ristorante. ______ l'inglese.

4. Franca Rosselli è architetto e ______ un figlio di 5 anni. Lavora tanto e ora cerca una baby- sitter.

5. Giulio ______ a Venezia ma il lunedì e il martedì ______ a Padova per lavoro.

3

6 Presente indicativo | Terza persona singolare

Complete the description of Lorenzo with the verbs in brackets.

Lorenzo Federici *(avere)* ______________ 29 anni e *(fare)* ______________ l'impiegato all'ufficio postale. *(Abitare)* ______________ a Lecce, ma *(lavorare)* ______________ in un piccolo paese a venti chilometri dalla città. Il giovedì sera *(giocare)* ______________ a calcio con gli amici e la domenica *(andare)* ______________ allo stadio. *(Amare)* ______________ molto lo sport. *(Sognare)* ______________ di fare il giornalista sportivo. Non *(essere)* ______________ sposato e *(vivere)* ______________ da solo.

7 Lessico

Insert in Mario's schedule the names of the days of the week in the list below and then write some sentences, as in the example below.

sabato | mercoledì | domenica | venerdì | lunedì | giovedì | ~~martedì~~

	martedì					
1	2	3	4	5	6	7
università	pub	università	corso di yoga	cinema	fine settimana in campagna	

Esempio:
Il martedì Mario lavora in un pub.

8 Presente indicativo | Trasformazione

Rewrite Alma's description in the first person.

Lei è Alma Valentini, fa la manicure in un centro estetico di Torino. Il mercoledì segue un corso di massaggio shiatsu. Sogna di aprire un centro Shiatsu a Teramo. È sposata e ha due figli.

9 Preposizioni semplici

*Complete the sentences with the prepositions **a**, **di**, **in** and **per**, as in the example.*

1 ■ Renata è _di_ Palermo?
▼ No, abita ___ Palermo, ma è ___ Torino.

2 ■ Qual è il tuo numero ___ telefono?
▼ 06 43986751.

3 ■ Quando torni _____ America?
▼ Parto ______ Boston domani.

4 ■ Giorgio arriva _____ New York lunedì.

5 ■ Sei qui ___ Roma ___ lavoro?
▼ No, solo ___ visitare la città e anche ___ studiare l'italiano.

6 ■ Paolo è qui?
▼ No, è ___ Portogallo, ___ Lisbona.

7 ■ ___ dove sei?
▼ Sono francese, ___ Parigi.
■ Ah, e lavori qui?
▼ Sì, ___ una scuola.

8 ■ Sei ___ Roma questo fine settimana?
▼ No, venerdì parto ___ Capri, torno domenica sera.

9 ■ Quando vai _____ Sicilia?
▼ Parto ____ Catania giovedì.

10 Sostantivi

Complete the two tables, changing the masculine occupation names to feminine and vice versa.

maschile ♂	femminile ♀
il commesso	la commessa
il traduttore	
il dentista	
il medico	
l'insegnante	
lo studente	

femminile ♀	maschile ♂
la cantante	
la professoressa	
la scrittrice	
la farmacista	
l'operaia	
l'impiegata	

11 Lessico

Where do these people work? Insert the names of the workplaces in the boxes.

ACROSS →
3 medico
4 segretaria
6 farmacista
7 operaio
8 commesso

DOWN ↓
1 cameriere
2 insegnante
3 meccanico
5 impiegato

12 Numeri da 100 in poi

Write the following numbers in figures.

a tremilaottocentotré ____________
b duecentoventisette ____________
c dodicimilasettecentocinquanta ____________
d due milioni e novecentotrentamila ____________
e seicentoquarantanove ____________
f cinquemilaquattrocentoquattordici ____________
g due miliardi e trecento milioni ____________
h milletrecentodiciassette ____________

13 Dialogo scomposto

This conversation is jumbled up. Put the sentences in the correct order, as in the example.

A
Ah, portoghese. E di dove?
~~Piacere, Fellini.~~
Scusi, Lei è spagnola?
Di Milano.

B
Di Oporto. E Lei di dov'è?
Piacere. Mi chiamo Maria Rodriguez.
No, sono portoghese.

A Piacere, Fellini.
B ____________
A ____________
B ____________
A ____________
B ____________
A ____________

14 Trasformazione | Formale

Rewrite the sentences spoken by A in the conversation below using formal address, as in the example.

A	Allora **Peter**, tu sei inglese?	A	Allora, signor Dahl,...
B	No, veramente sono australiano.	B	No, veramente sono australiano.
A	Ah, e abiti qui a Milano?	A	______
B	Sì, da due anni.	B	Sì, da due anni.
A	E che lavoro fai?	A	______
B	Sono un disegnatore di moda.	B	Sono un disegnatore di moda.
A	Be', allora vivi nella città ideale.	A	______
B	Per me sì, per mia moglie è più difficile.	B	Per me sì, per mia moglie è più difficile.
A	Perché? Che lavoro fa tua moglie?	A	______
B	Lei è medico.	B	Lei è medico.

15 Frasi legate

Separate the letters and put in punctuation, as in the example. You will find six mini-dialogues.

1. Comestainonc'èmaleetu — Come stai? – Non c'è male. E tu?
2. Ciaocomevabenissimograzie ______
3. ComestasignorabenegrazieeLei ______
4. QuestoèPierounmioamicopiacere ______
5. Francoparlalinglesesìmoltobene ______
6. LepresentoilsignorFoglipiacereMonti ______

3

16 Pronuncia

23

Listen to the sentences and note the pronunciation. Then repeat the sentences.

Buona sera signora, come sta?
Il signor Santi ha sessantasei anni.
Sandro e Sofia sono a Salerno.
Scusi, Lei parla lo spagnolo?

Siamo qui a scuola per studiare l'italiano.
Senti, tu sei svizzero o tedesco?
Io sono di Sondrio e tu di dove sei?
Stefano ha sedici anni.

17 Intonazione

24

Question or statement? Listen to the sentences and insert a question mark (?) or a period (.). Then listen again and repeat with the correct intonation.

Franco parla bene il tedesco
Lara è di Merano
Questo è Guido

Maria non è portoghese
Hans è di Vienna
La signora Rossetti non sta bene

Lei è irlandese
Sei tedesco

tempo libero

1 Combinazioni

Match the phrases on the left with those on the right.

1 Franco guarda	a in palestra.
2 Nicola va	b sempre a casa.
3 Alessia legge	c sport.
4 Matteo dorme	d un libro.
5 Federica sta	e a lungo.
6 Paola fa	f la TV.

Federica

4

2 Presente indicativo | Prima e seconda persona singolare

Complete the conversations with the verbs in brackets.

1 ■ Dario, cosa *(tu - fare)* ______________ nel tempo libero?
▼ Di solito *(io - ascoltare)* ______________ la musica o *(fare)* ______________ una passeggiata.

2 ■ Serena, *(tu - dormire)* ______________ a lungo la domenica?
▼ Sì, ma poi *(io - fare)* ______________ sport: *(andare)* ______________ in bicicletta o *(giocare)* ______________ a tennis.

3 ■ Mario, cosa *(tu - fare)* ______________ oggi?
▼ Oggi *(io - giocare)* ______________ a carte e poi *(andare)* ______________ al cinema.

4 ■ Tu *(fare)* ______________ molto sport nel tempo libero?
▼ No, io *(stare)* ______________ a casa: *(leggere)* ______________, *(suonare)* ______________ la chitarra, *(ascoltare)* ______________ musica o *(cucinare)* ______________.

3 Presente indicativo | Prima, seconda e terza persona singolare

Complete the sentences with the following verbs. The verbs are not in the correct order.

amare | andare | andare | andare | avere | dormire | fare | fare | giocare | guardare | leggere | stare | stare | suonare | giocare

1 Paola, ______________ il giornale nel tempo libero?

2 Il sabato Ugo ______________ in palestra.

3 ■ Paolo cosa ______________ stasera?
▼ Stasera ______________ a casa e ______________ la TV.

4 ■ Silvio, tu ______________ in bicicletta?
▼ No, ma ______________ a tennis.

5 Il sabato io ______________ a lungo.

6 Oggi Sara non ______________ al lavoro. ______________ a casa e poi ______________ la spesa.

7 ■ Nel tempo libero io ______________ a rugby. E tu?
▼ Io ______________ il piano.

8 Carlo ______________ molto gli animali: ______________ un cane e tre gatti.

4 Trasformazione
Transform this text into the third person singular and the second person plural.

Ogni giorno vediamo quartieri interessanti e proviamo a mangiare in posti nuovi; adesso conosciamo molti ristoranti del centro, ma quello che preferiamo è un piccolo ristorante turco.

Ogni giorno lei...

Ogni giorno voi...

5 Presente indicativo | Terza persona singolare e plurale
Complete the text below conjugating the verbs in brackets in the present tense form.

Tim, Rose e Gloria sono tre studenti americani che (*abitare*) ________________ a Venezia. Tim (*fare*) ________________ un corso di lingua italiana all'università. Rose e Gloria (*parlare*) ________________ bene l'italiano e quindi non (*studiare*) ________________ la lingua, ma (*seguire*) ________________ un corso di arte italiana. Il corso di Tim (*essere*) ________________ molto interessante perché gli altri studenti (*arrivare*) ________________ da vari continenti e paesi. L'insegnante (*essere*) ________________ una ragazza di Firenze molto simpatica. In classe lei (*parlare*) ________________ soltanto italiano; quando gli studenti non (*capire*) ________________ quello che dice, (*chiedere*) ________________ di ripetere una frase o di spiegare una regola.
Tutti (*provare*) ________________ a comunicare in italiano.
Tim (*andare*) ________________ all'università tutti i giorni, da lunedì a venerdì. Le lezioni (*cominciare*) ________________ la mattina alle 9 e (*finire*) ________________ alle 13. Il corso di Rose e Gloria invece (*essere*) ____________ soltanto due volte a settimana. In realtà (*loro - passare*) ________________ molto tempo a casa: (*leggere*) ________________ libri di arte - il periodo che (*preferire*) ________________ è il Rinascimento -, (*scrivere*) ________________ composizioni e (*visitare*) ________________ musei e gallerie.
La sera i tre amici (*preparare*) ________________ la cena insieme: Rose (*fare*) ________________ la spesa in un mercato vicino casa e Tim e Gloria (*cucinare*) ________________ piatti tipici italiani.

6 Lessico | I giorni della settimana
Solve the anagrams of the days of the week. Then put them in numerical order, as in the example.

botasa → ________________ ☐
tediram → ________________ ☐
ulnide → lunedì 1
amceidon → ________________ ☐
enrdvei → ________________ ☐
cderlemoi → ________________ ☐
igiveod → ________________ ☐

4

7 Presente indicativo e avverbi di frequenza

Complete the sentences conjugating highlighted verbs in the present tense form and inserting the adverbs of time in brackets, as in the example.

1. Mario **cucinare** con gli amici. *(spesso)* Mario cucina spesso con gli amici.
2. La sera noi **guardare** la TV. *(di solito)* ____________
3. Io non **andare** in macchina. *(quasi mai)* ____________
4. Pia e Rosa **giocare** a tennis. *(qualche volta)* ____________
5. Roberta **andare** al cinema. *(spesso)* ____________
6. Il sabato io **fare** una passeggiata. *(quasi sempre)* ____________
7. Noi **suonare** la chitarra. *(qualche volta)* ____________
8. Mara e Lino **finire** di lavorare tardi. *(sempre)* ____________
9. Tu non **fare** sport. *(mai)* ____________

8 Avverbi interrogativi

Complete the following questions with the interrogatives in the list, then match questions and answers.

Qual	Come	Di dove	Come	Che	Con	Dove	Quanti

1. ☐ ____________ anni hai?
2. ☐ ____________ siete?
3. ☐ ____________ lingue parli?
4. ☐ ____________ stai?
5. ☐ ____________ lavorate?
6. ☐ ____________ ti chiami?
7. ☐ ____________ è il tuo numero di telefono?
8. ☐ ____________ chi abiti?

a. L'italiano e il greco.
b. In una fabbrica.
c. Giuseppe.
d. Con la mia famiglia.
e. 235507.
f. Non c'è male, grazie.
g. 48.
h. Di Palermo.

9 Avverbi interrogativi

Rearrange the sentences in the list and then insert them in the conversation, as in the example. Jumbled up sentences are not in the correct order.

studi, / quando / fai? / cosa / non	studi? / cosa / che	dove/ di / sei?	anni / hai? / quanti
sport / pratichi? / quale	abiti? / chi / con	~~ti / chiami? / come~~	

■ Come ti chiami?
▼ Giulia.
■ ____________
▼ Sono toscana, di Firenze.
■ ____________
▼ Ventidue.
■ ____________
▼ Scienze politiche.

■ ____________
▼ Con due amiche.
■ ____________
▼ Nel tempo libero esco, vedo gli amici e faccio molto sport.
■ ____________
▼ Tennis e ginnastica.

4

10 Espressioni con il verbo *avere*

Complete the sentences below with the correct forms of **avere** *and fill in the blanks with the words in the list, as in the example.*

~~paura~~ | bisogno | fretta | sete | fame | voglia | sonno

Esempio:
(*Noi - avere*) Abbiamo poco tempo per preparare l'esame, per questo (*noi - avere*) abbiamo paura di prendere un brutto voto!

1. Noi studiamo molto e dormiamo poco, per questo (*avere*) ____________ sempre ____________.
2. Maria e Carlo non mangiano da questa mattina, e adesso (*avere*) ____________ ____________.
3. ■ Giulio, (*avere*) ____________ ____________ di un gelato?
   ▼ No, grazie, il gelato non mi piace.
4. Giovanni, Marco, per andare in Cina (*voi - avere*) ____________ ____________ del passaporto.
5. Non è mai possibile parlare con Carlo: (*lui - avere*) ____________ sempre molta ____________!
6. Loro bevono un'aranciata fresca quando (*avere*) ____________ ____________.

4

11 Presente indicativo | Verbi *conoscere* e *sapere*

Complete the sentences with the correct form of the verbs **conoscere** *or* **sapere**.

1. Ragazzi, ____________ a che ora comincia il corso?
2. Ho molti amici spagnoli, ma non ____________ lo spagnolo.
3. I genitori di Marta ____________ Franco?
4. Sono molto indeciso, non ____________ cosa fare!
5. (*Voi*) ____________ dov'è una buona pizzeria?
6. (*Voi*) ____________ una buona pizzeria?
7. Maria e Antonio non ____________ cucinare.
8. Lorenzo ____________ i film di Fellini.

12 Il verbo *piacere*

Choose the correct form of **piacere**.

1. Non mi **piace/piacciono** l'opera lirica.
2. Ti **piace/ piaccion**o i film d'avventura?
3. Amo la musica classica e mi **piace/ piacciono** le sinfonie di Beethoven.
4. Mi **piace/piacciono** viaggiare.
5. Ti **piace/piacciono** la cucina francese?
6. ■ Ti **piace/piacciono** uscire la sera?
   ▼ No, non mi **piace/piacciono.**

13 Il verbo *piacere*

Complete the sentences with the verb **piacere**.

1. Ti ________________ la musica rock?
2. Ti ________________ ballare?
3. Mi ________________ molto i balli sudamericani.
4. Mi ________________ dormire a lungo.
5. Ti ________________ i libri di fantascienza?
6. Il corso d'italiano mi ________________ molto.

14 Il verbo *piacere*

Make up questions and answers, as in the example.

Esempio:
la musica classica → Ti piace la musica classica?
Sì, mi piace (molto). / No, non mi piace (per niente).

1. leggere → ________________________________?
________________________________.
2. i fumetti → ________________________________?
________________________________.
3. cucinare → ________________________________?
________________________________.
4. il pesce → ________________________________?
________________________________.
5. i film gialli → ________________________________?
________________________________.

4

15 Presente indicativo | Verbi regolari, irregolari, *piacere*

Complete the sentences with the correct form of the verbs in the list below.

andare fare piacere piacere studiare suonare

1. La domenica mattina ______________ volentieri una passeggiata.
2. Pietro e Franco ________________ il violino.
3. Nel tempo libero Giulia ________________ in piscina.
4. Mi ________________ le canzoni di Nina Zilli.
5. Noi ________________ il portoghese per lavoro.
6. Non mi ________________ studiare.

16 Lettura e comprensione

Find out who does what! Read the following descriptions, then fill in the table below with information on mentioned people.

1. Alessandro, amico di Giovanna, ha ventott'anni.
2. Patrizia e Giovanna hanno la stessa età.
3. Mariangela non ha 18 anni.
4. … il venerdì va sempre in palestra.
5. Lui ama molto la cucina italiana e così…
6. Una persona ha 65 anni.
7. La ragazza di 18 anni il sabato esce con gli amici.
8. La domenica va all'opera con il figlio.
9. All'amica di Alessandro piacciono gli sport e così…
10. Alla ragazza di diciotto anni piace leggere i gialli e i fumetti.
11. … il giovedì va al ristorante.
12. A lei piace molto ascoltare la musica classica.

nome				
età				
quando/dove va				
hobby				

4

17 Pronuncia

a. *Listen and repeat the words. Focus on pronunciation and spelling.* 27

Guido - funghi
lingua - yoga
guardare - impiegato

qui - chi
quanto - cantante
cinque - anche
acqua - acca

b. *Try to write down the sentences that you hear.* 28

1. ____________________
2. ____________________
3. ____________________
4. ____________________
5. ____________________
6. ____________________

18 Ricapitoliamo

Write a short text on your hobbies and on what you like (or don't like) doing. What do you usually do on weekends or in your free time? What do you often, sometimes or rarely do? If you wish you can also write about your friends' occupations.

test 1

TOTALE __ /100

1 Articoli determinativi e sostantivi

__ /30

Write the definite article before each noun and then write both the article and noun in the plural form.

1 ____ sedia → ____ ________
2 ____ scrittore → ____ ________
3 ____ limone → ____ ________
4 ____ antipasto → ____ ________
5 ____ attrice → ____ ________

Write the definite article before each noun and then write both the article and noun in the singular form.

6 ____ lezioni → ____ ________
7 ____ ospedali → ____ ________
8 ____ nomi → ____ ________
9 ____ studenti → ____ ________
10 ____ impiegate → ____ ________

2 Articoli determinativi e indeterminativi

__ /15

Read the following texts, then underline the correct indefinite article.

a Bianca Parigini è **un/una** architetto, lavora in **un/uno** studio importante di Venezia. **Il/Lo** lunedì e **il/lo** mercoledì organizza tour per studenti di arte di molte università. Conosce molto bene **la/una** sua città e **un/il** sabato normalmente visita altre città italiane con **gli/le** amici.

b Dario Valentini fa **le/il** parrucchiere in **un/uno** centro estetico di Torino. **Il/Un** mercoledì segue **un/il** corso di massaggio shiatsu. Sogna di aprire **un/uno** centro Shiatsu a Teramo, **l'/la** sua città d'origine. È appassionato di film francesi e **i/il** venerdì segue anche **il/un** corso di storia del cinema.

3 Presente indicativo | Verbi regolari e irregolari

__ /20

Complete the e-mail below conjugating the verbs in brackets in the present tense form.

Ciao Katie,
come (*stare*) __________?
Io (*essere*) __________ a Roma, per fare un master in archeologia. (*Conoscere*) __________ Roma? (*Essere*) __________ una città bellissima con tanti monumenti e tanta arte.
La mattina, dal lunedì al venerdì, (*io - andare*) __________ all'università: Il corso di archeologia mi (*piacere*) __________ molto e i professori (*essere*) __________ molto preparati. Dopo le lezioni (*io - avere*) __________ del tempo libero, e generalmente (*fare*) __________ una passeggiata per la città insieme a Yuko e Carla, due compagne di classe. Insieme (*noi - visitare*) __________ musei e chiese, (*fare*) __________ fotografie, e quando (*essere*) __________ stanche (*andare*) __________ in un bar e (*prendere*) __________ qualcosa da bere. La sera generalmente (*io - restare*) __________ a casa a studiare, ma il fine settimana spesso (*andare*) __________ al cinema con le mie amiche.
Dopo il cinema loro (*andare*) __________ anche in discoteca, ma io (*preferire*) __________ tornare a casa; le discoteche non mi (*piacere*) __________, e poi non (*io - sapere*) __________ ballare!
Un saluto e a presto,
Martina

4 *Sapere e conoscere* (__/5)

Complete the sentences with the correct present form of the verbs **sapere** *or* **conoscere**.

1. Marcella non ___________ giocare a tennis.
2. Nina, ___________ un ristorante tailandese a Milano?
3. Non vivo qui, non ___________ qual è l'autobus per la stazione.
4. Carla, Paolo, _____________ il professor Rossi?
5. Siete di Roma? ___________ dov'è San Pietro?

5 Interrogativi (__/10)

Complete each conversation with one of the interrogatives of the list below.

Che cosa	Che cosa	Come	Come	Di dove	Dove	Perché	Qual	Quando	Quanti

1. ■ ___________ ti chiami?
   ▼ Maria Rossi.
2. ■ ___________ sei?
   ▼ Sono americana.
3. ■ ___________ abiti qui a Palermo?
   ▼ Abito qui a Palermo per lavoro.
4. ■ ___________ torni in Italia?
   ▼ Tra un mese.
5. ■ ___________ fai?
   ▼ Sono impiegata in un'agenzia turistica.
6. ■ ___________ lavori?
   ▼ In centro, in una scuola di lingue.
7. ■ ___________ ti piace fare nel tempo libero?
   ▼ Nel tempo libero esco, vado al cinema o vedo gli amici.
8. ■ ___________ caffè ordino?
   ▼ Tre normali e due macchiati.
9. ■ ___________ è la tua città preferita in Italia?
   ▼ Non sono sicura, Napoli forse, ma anche Roma è bellissima.
10. ■ ___________ stai oggi?
    ▼ Benissimo, grazie. E tu?

6 Riscrittura (__/20)

Rewrite the following conversation changing it from informal to formal address. Please note that each modified item is worth 2 points.

■ Ciao, sono Marco.
▼ Piacere, Dana, sono inglese. Tu sei italiano?
■ No, sono argentino, ma lavoro in Italia.
▼ Che lavoro fai?
■ Sono traduttore, e tu?
▼ Io studio all'università.
■ Dove studi?
▼ All'Università per stranieri. Sai dov'è?
■ Sì, è qui vicino. Conosci Maria Parisi?
▼ Sì, certo, è la mia insegnante. Perché conosci Maria?
■ È la mia insegnante privata.
▼ Che coincidenza!
■ Prendi un caffè con me?
▼ Volentieri, grazie. Quale bar preferisci?
■ È lo stesso.

■ Buongiorno, sono Marco Berio.
▼ Piacere, Dana Jones...

1

in giro per l'Italia

1 Lessico

Complete the interview below with the words in the list.

appartamento	bicicletta	camera	casa	centro	città	estate
filosofia	giorni	locali	negozio	palazzo	tempo	

Da quanto _________ vivi a Bologna?
Da tre anni.
Che cosa studi?
Studio _________ all'università.
Con chi vivi?
Vivo con altre ragazze in un appartamento vicino al _________.
Ti piace questa situazione?
Sì, molto! L'_________ è tranquillo e la mia _________ è luminosa. Nel _________ ci sono altri studenti: al primo piano abitano due ragazze spagnole e vicino a noi abitano tre ragazzi simpatici di Venezia. Qualche volta la sera usciamo insieme: a Bologna ci sono molti _________ economici. In primavera e in _________, spesso, ceniamo insieme in terrazza: abbiamo una terrazza spaziosa.
Dove studi: a casa o in biblioteca?
Dipende. Quando ho lezione rimango all'università e vado in biblioteca a studiare. Se no resto a _________. Il nostro appartamento è silenzioso: due di noi, Paola e Francesca, lavorano, fanno le commesse in un _________ Benetton, escono la mattina e tornano a casa la sera; Maria studia medicina e va all'università tutti i _________.
Come vai all'università e come giri per la _________?
Di solito vado in _________ o in autobus.

2 Presente indicativo | Verbi irregolari

Complete the conversations with the correct present form of the verbs in brackets.

1. C'è un messaggio di Andrea, (*lui - dire*) __________ che va a una festa stasera e non (*venire*) __________ in pizzeria con noi.

2. Io (*uscire*) __________ con gli amici stasera e poi (*rimanere*) __________ a dormire da Sergio.

3. ■ Anna e Pina non (*venire*) __________ a Venezia con noi domani.
▼ Che peccato! Ma perché?
■ (*Loro - rimanere*) __________ a casa per studiare, giovedì (*dare*) __________ un esame molto importante.

4. ■ Che fate questo fine settimana?
▼ Sabato (*noi - uscire*) __________ con Viviana, andiamo al ristorante indiano. Perché non (*venire*) __________ anche tu?

5. Ragazzi, (*voi - essere*) __________ liberi stasera? (*Venire*) __________ al cinema?

6. ■ Quando arrivi al bar, mi mandi un SMS e io (*venire*) __________ lì.
▼ Va bene, ma mi (*tu - dare*) __________ il tuo numero? Non ce l'ho.

3 Presente indicativo | Verbi regolari e irregolari

Complete the text with the verbs in brackets conjugated in the **presente indicativo** *form.*

Mi chiamo Lenor, (*essere*) ________________ portoghese ma (*vivere*) ________________ in Italia da vent'anni. Abito a Napoli con mio marito e i miei due figli. Mio marito Gianni (*essere*) ________________ napoletano e (*fare*) ________________ il restauratore. I miei figli Manuel e Maria (*essere*) ________________ gemelli, (*avere*) ________________ 16 anni e (*andare*) ________________ alla scuola superiore internazionale qui a Napoli. Sono ragazzi molto maturi e responsabili, non (*dare*) ________________ problemi e noi (*avere*) ________________ molta fiducia in loro. Anche quando (*loro - uscire*) ________________ con gli amici e (*ritornare*) ________________ tardi, noi non (*essere*) ________________ preoccupati.

Io (*insegnare*) ________________ letteratura portoghese all'università. In genere i miei studenti (*dire*) ________________ che sono una brava insegnante. I miei corsi però (*essere*) ________________ molto duri e non tutti gli studenti (*rimanere*) ________________ fino alla fine del corso.

Tutti gli anni noi (*andare*) ________________ in Portogallo per le vacanze, (*stare*) ________________ qualche giorno con i miei genitori a Lisbona e poi tutti insieme (*andare*) ________________ a Lagos, una bellissima località sulla costa dell'Algarve, dove ogni anno (*affittare*) ________________ una casa sul mare.

Il Portogallo mi manca qualche volta, ma amo molto Napoli, per me (*essere*) ________________ una città splendida, e mi (*piacere*) ________________ i napoletani, perché (*essere*) ________________ generosi e aperti, e non mi (*trattare*) ________________ mai come una straniera. Parlare la mia lingua è la cosa che mi manca veramente. Per fortuna amici e parenti (*venire*) ________________ spesso dal Portogallo a trovarci, e in queste occasioni il portoghese (*diventare*) ________________ la lingua ufficiale della nostra casa.

4 Preposizioni semplici

Read the following text and underline the correct preposition.

Marco e Franca abitano **in/a** Pavia, **in/a** un piccolo appartamento **in/a** centro. Marco lavora **in/a** un bar vicino casa e così va al lavoro **in/a** piedi o **in/a** bicicletta. Franca invece lavora **in/a** un'altra città. Ogni giorno va al lavoro **in/a** treno. Parte la mattina presto a torna **in/a** casa sempre molto tardi!

5 Lessico

What is there to see in Padova? Find in the grid (both across and down) another 10 words and highlight then, as in the example. The remaining letters spell out the name of a famous building in Padova.

t	d	c	h	i	e	s	e	e	l	p
e	r	i	s	t	o	r	a	n	t	i
a	l	n	e	g	o	z	i	a	r	a
t	m	e	r	c	a	t	i	a	g	z
r	b	m	p	a	l	a	z	z	i	z
i	a	a	m	u	s	e	i	i	o	e
n	r	a	l	b	e	r	g	h	i	e

Soluzione: il palazzo _ _ _ _ _

_ _ _ _ _ _ _ _

(1218 - 1219)

6 *C'è/ci sono*

*Complete the sentences with **c'è** or **ci sono**.*

1. A Milano non ______________ il mare.
2. In centro ______________ molti negozi.
3. Nella chiesa ______________ due statue di Gian Lorenzo Bernini.
4. Nel centro commerciale ______________ un grande parcheggio.
5. A Roma ______________ grandi parchi?
6. Il sabato sera ______________ molta gente al cinema.
7. Non è una città famosa, ______________ pochi turisti.
8. Nella piazza ______________ un caffè con i tavolini fuori.

7 *C'è/ci sono* oppure *è/sono*

*Complete the sentences with **c'è/ci sono** or with **è/sono**.*

1. Il cinema Roma _________ qui vicino, per cortesia?
2. Mi scusi, _________ una pizzeria qui vicino?
3. Non so se qui _________ un parcheggio.
4. Il parcheggio _________ davanti alla chiesa.
5. _________ delle cabine telefoniche in via Calepina?
6. _________ un film interessante stasera?
7. Le Terme di Caracalla _________ vicine a S. Pietro?

5

8 Aggettivi

Change the following word chunks from singular to plural and vice versa, as in the example.

singolare	plurale
il palazzo bianco	i palazzi bianchi
il paese piccolo	
	i quartieri moderni
	le zone piacevoli
l'albergo elegante	
	gli appartamenti luminosi
il caffè famoso	
	le viste pittoresche
la cupola gialla e verde	
il quartiere grande	

9 *C'è/Ci sono* | Concordanza articolo-sostantivo-aggettivo

Fors as many sentences as you can, as in the example.

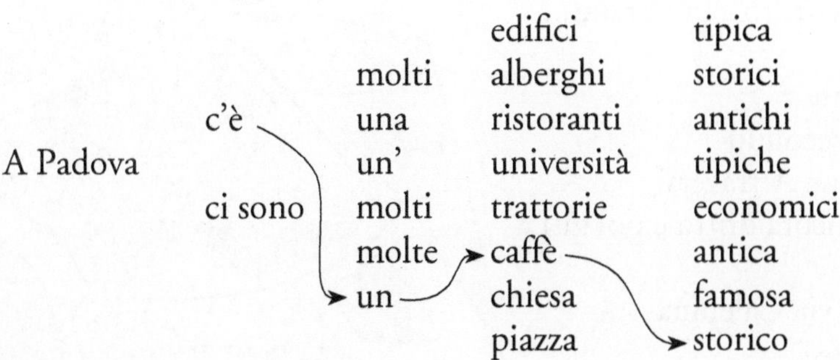

10 Aggettivi

Complete Michael's e-mail with the adjectives in the list, as in the example. Remember to change adjective endings appropriately.

altro | caro | grande | interessante | interessante | ~~piccolo~~ | privato | prossimo | tanto | tranquillo

Caro Roberto,
sono qui a Montepulciano per frequentare un corso d'italiano. La città mi piace molto: è __piccola__ , ma ci sono ____________ cose ____________ da vedere. E poi è anche un posto ____________ perché il centro è zona pedonale. Abito presso una famiglia e così ho la possibilità di continuare a parlare in italiano anche quando non sono a scuola. Ho una camera ____________ con un ____________ balcone. Insomma, sto veramente benissimo. Anche le lezioni sono ____________ e noi impariamo molto. Dopo i corsi torno a casa per il pranzo, faccio i compiti e poi visito la città o ____________ posti nei dintorni. La sera dopo cena prendo un gelato o ascolto un concerto in piazza. Purtroppo il corso finisce sabato ____________ e lunedì ricomincia il lavoro.
Tanti ____________ saluti e... a presto!
Michael

11 Preposizioni semplici

*Complete the following e-mail with the prepositions **a** or **in**.*

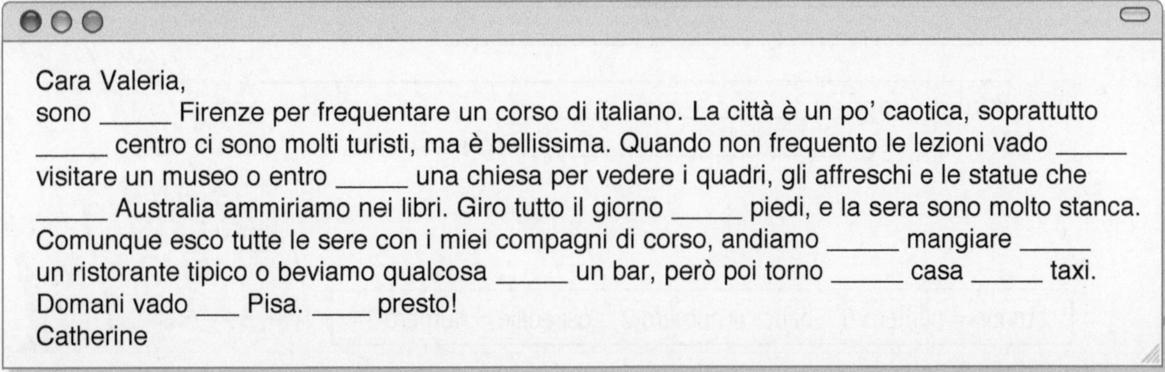

Cara Valeria,
sono _____ Firenze per frequentare un corso di italiano. La città è un po' caotica, soprattutto _____ centro ci sono molti turisti, ma è bellissima. Quando non frequento le lezioni vado _____ visitare un museo o entro _____ una chiesa per vedere i quadri, gli affreschi e le statue che _____ Australia ammiriamo nei libri. Giro tutto il giorno _____ piedi, e la sera sono molto stanca. Comunque esco tutte le sere con i miei compagni di corso, andiamo _____ mangiare _____ un ristorante tipico o beviamo qualcosa _____ un bar, però poi torno _____ casa _____ taxi.
Domani vado ___ Pisa. ____ presto!
Catherine

12 Lessico

Look at the picture, then put the directions in the correct order.

Per arrivare all'università vai dritto e poi prendi...

a ☐ L'università è lì di fronte
b ☐ Vai ancora avanti e al secondo
c ☐ la prima strada a sinistra. Attraversi
d ☐ una piazza, continui ancora dritto e poi giri a
e ☐ a una grande chiesa.
f ☐ giri ancora a destra, in via Calepina.
g ☐ incrocio
h ☐ destra (all'angolo c'è un supermercato).

UNIVERSITÀ
CHIESA
SUPER-MERCATO

13 Lessico

Look at the map thoroughly, then complete each conversation with the expressions in the related list.

Al primo, no anzi al secondo | attraversa | gira a destra | gira a sinistra | gira subito a sinistra | uno... due incroci | va dritto

5

1 ■ Mi scusi, che strada devo prendere per trovare l'ospedale?
▼ Lei esce dalla banca e ______________ e ______________
per un po'. A un certo punto ______________ una piazza.
______________ incrocio,
______________, attraversa ______________
e al terzo ______________. E lì davanti trova l'ospedale.

a destra | Continua dritto | davanti | gira a destra | la prima traversa | prima traversa gira a sinistra | va fino al semaforo

2 ■ Scusi, come posso arrivare dall'hotel alla stazione?
▼ Lei esce dall'albergo, va subito ______________,
alla ______________,
______________ e poi
______________. ______________
e subito dopo ______________
Lei è proprio ______________ alla stazione.

1 BAR CINEMA 2 3 4 5 6 7 8 9 10 11 12 13 14 15 16 HOTEL

stazione = numero 6 banca = numero 2 ospedale = numero 14

14 Lessico

Look at the map and decide whether these statements are true (V) or false (F).

1 L'ufficio postale è davanti alla chiesa. V F
2 L'edicola è accanto al supermercato. V F
3 Il distributore è di fronte alla stazione. V F
4 Il parcheggio è all'angolo. V F
5 I telefoni sono fra la farmacia e il teatro. V F
6 La fermata dell'autobus è dietro l'ospedale. V F

15 Lessico | *Che ore sono?*

Number the following times in chronological order, as in the example.

è mezzogiorno ☐ – sono le dodici meno dieci ☐ – sono le undici e un quarto ☐ – sono le undici e venticinque ☐ – è mezzanotte ☐ – sono le dodici meno venti ☐ – sono le undici e dieci 1 – sono le undici e trentacinque ☐ – sono le undici e mezza ☐ – sono le undici e tre quarti ☐

16 Lessico | *Che ore sono?*

Complete the times with missing words.

a 11:45 → ____ mezzogiorno ____ un ____ .
b 9:20 → Sono _____ _____ _____ venti.
c 14:30 → _____ _____ due _____ _____ .
d 8:15 → _____ le _____ _____ un _____ .
e 1:05 → _____ _____ una ____ ____.
f 8:55 → Sono ____ ____ _____ cinque.
g 00:10 → _____ _____ _____ _____ .
h 10:40 → _____ _____ undici _____ _____.

17 Pronuncia

30

a. *Repeat the words. Pay particular attention to the pronunciation and how they are spelled.*

conosco – conosci
esco – esci
capisco – capisci
preferisco – preferisci
sciare – Ischia
esci – tedeschi
esce – tedesche
piscina – Peschici
scendere – bruschetta

b. *Close the book, listen to the exercise again and write down the words on a piece of paper.*

c. *Read aloud the following sentences. Then listen to the recording and check your pronunciation.* 31

Francesca esce con due amiche tedesche.
Anche noi usciamo con amici tedeschi.
Conoscete Ischia?
Sul letto c'è il cuscino e nel bagno c'è l'asciugamano.
Marco va a sciare, Federica invece preferisce andare in piscina.
Prendiamo l'ascensore o scendiamo a piedi?

in albergo

1 Lessico

*Find the words. The remaining letters will give you another word for **albergo** (hotel).*

parcheggiofrigobarpecucinansidocciaoariacondizionatancolazioneematrimoniali

Soluzione: _ _ _ _ _ _ _ _ _

2 Lessico

Now complete the following advertisements with the words that you have just found, as in the example.

1. Villa Mary: 32 camere con bagno o __________. Tutte con TV, telefono e __parcheggio__ privato.
2. Residenza Miramonti: 10 camere doppie o __________, tutte con bagno e __________ __________.
3. Albergo Bellavista: 35 camere singole e doppie. __________ compresa. __________ tipica.

6

3 Cruciverba

It is a type of hotel. Write the correct words in the crossword puzzle and you will find the solution in the highlighted boxes.

1. Camera per una persona.
2. Camera con un letto per due persone.
3. Posto per la macchina.
4. Sette giorni.
5. Il giorno dopo il sabato.
6. Camera con due letti.
7. Cappuccino, pane, marmellata e burro.

4 Frasi scomposte

*Match the parts of the questions. Write **C** next to the customer's questions and **R** next to the receptionist's questions, as in the example.*

1 Desidera una camera con...	a mi lascia il numero della sua carta di credito?	☐
2 Avete ancora...	b c'è il televisore?	☐
3 Quanto...	c o senza bagno?	R
4 A che nome...	d c'è il garage?	☐
5 Nella camera...	e devo registrare la prenotazione?	☐
6 Nell'albergo...	f una singola per questa sera?	☐
7 Per la conferma...	g viene la camera?	☐

5 Presente indicativo | Verbi servili

Make up sentences as in the example.

1 Scusi,	può mandare	domani sera.
2 Io	volete fare	la stanza entro le 11.
3 I signori Mori	posso sapere	un'e-mail.
4 Noi	voglio prenotare	quanto viene la stanza?
5 Per la conferma Lei	vogliono sapere	colazione in camera.
6 Voi	deve partire	quanto costa una stanza doppia.
7 Il Signor Redi	dobbiamo lasciare	una stanza per tre notti.

6 Presente indicativo | Verbo *dovere*

Complete the sentences with the correct present form of the verb ***dovere****.*

1 (*Io*) ________________ pagare un extra per il cane?
2 (*Voi*) ________________ lasciare le camere entro mezzogiorno.
3 (*Tu*) ________________ presentare un documento di identità.
4 (*Loro*) ________________ arrivare al b&b entro mezzanotte.
5 (*Noi*) ________________ annullare la prenotazione.
6 (*Lei*) ________________ trovare un albergo economico in centro.

6

7 Presente indicativo | Verbo *potere*

Complete the sentences with the correct present form of the verb ***potere****.*

1 (*Noi*) ________________ avere una camera con il balcone?
2 Il cane non ________________ accedere all'area intorno alla piscina.
3 (*Voi*) ________________ pagare anche con l'American Express.
4 (*Io*) ________________ avere una camera con balcone?
5 (*Tu*) ________________ abbassare l'aria condizionata?
6 Quando lasciano la stanza, i clienti ________________ lasciare le valigie alla reception.

8 Presente indicativo | Verbo *volere*

Complete the sentences with the correct present form of the verb ***volere****.*

1 (*Tu*) ________________ fare colazione in albergo?
2 I signori della 47 ________________ cambiare stanza.
3 (*Voi*) ________________ una camera con vista sul mare?
4 (*Noi*) ________________ una camera matrimoniale, non una doppia!
5 Oggi (*io*) ________________ passare tutta la giornata in spiaggia.
6 Signora, ________________ una mappa della citta?

9 Presente indicativo | Verbi servili

Complete the sentences conjugating the verbs in brackets in the ***presente indicativo*** *form.*

1 ■ *(Voi - volere)* ______________ venire a cena da me stasera?
▼ Purtroppo non *(potere)* ______________, siamo già occupati.
2 Marco e Tina non *(potere)* ______________ uscire perché *(dovere)* ______________ studiare.
3 *(Volere)* ______________ il menù, signora?
4 ■ Signora Mocci, *(potere)* ______________ inviarmi un'e-mail di conferma?
5 ■ *(Io - potere)* ______________ chiamarti più tardi?
▼ Se *(tu - volere)* ______________, *(potere)* ______________ chiamarmi verso le cinque.
6 Stasera *(io - volere)* ______________ andare al cinema. *(Voi - volere)* ______________ venire?
7 ■ Che cosa *(voi - dovere)* ______________ studiare questo pomeriggio?
▼ *(Noi - dovere)* ______________ studiare chimica.
8 ■ Franco, *(tu - volere)* ______________ venire al cinema con me oggi pomeriggio?
▼ Mi dispiace, ma non *(potere)* ______________, oggi *(dovere)* ______________ lavorare fino a tardi.
9 ■ *(Tu - volere)* ______________ un gelato, o un caffè?
▼ *(Volere)* ______________ un gelato grazie.
10 Signor Flamini, se *(Lei - volere)* ______________ arrivare puntuale all'aeroporto, *(dovere)* ______________ partire fra cinque minuti.

6

10 Lessico

Complete the table below with the names of the objects in the pictures, as in the example. Remember add definite articles.

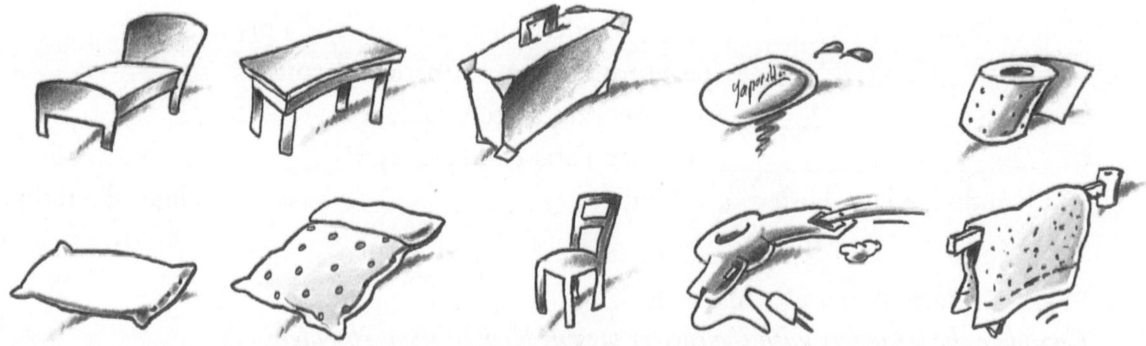

dormire	viaggiare	andare al bagno	fumare	scrivere
				il tavolo

11 ***Bene* e *male*, *buono* e *cattivo***
Complete the sentences below with the words in the list.

bene | bene | bene | buona | cattiva | cattivo | male | male | male

1. È una __________ stanza? Il letto è comodo? Ho veramente bisogno di dormire __________.
2. A colazione mangiamo sempre __________ lì, i cornetti non sono freschi e il caffè è __________.
3. Mi sento __________, c'è un medico in albergo?
4. La doccia non funziona __________, non c'è l'acqua calda!
5. Quell'albergo ha una __________ reputazione, non puliscono __________ le stanze e trattano __________ i clienti!

12 **Combinazioni**
Make up sentences, as in the example.

1. È possibile → c
2. La camera
3. Quanto viene
4. Avrei un problema,
5. Nella camera

a. è tranquilla?
b. il frigobar non funziona.
c. avere ancora un asciugamano?
d. c'è il televisore?
e. la camera doppia?

13 **Preposizione *a* (semplice e articolata)**
Choose the correct form.

1. ■ **A/Alla** che ora comincia lo spettacolo?
   ▼ **A/Alla** mezzanotte.
2. ■ Scusi, chiude adesso il museo?
   ▼ No, **a/al** mezzogiorno.
3. ■ Il treno per Siena parte **a/alle** due?
   ▼ No, **alle/all'** una e dieci.
4. La scuola comincia **alle/all'** otto.
5. Il prossimo autobus parte **a/alle** sette e un quarto.

14 **Preposizione *a* (semplice e articolata)**
*Complete the sentences with the correct form of the preposition **a** (a, all', alle).*

1. ■ ________ che ora arrivate?
   ▼ ________ dieci.
2. La colazione è ________ sette e mezzo.
3. Il bar dell'albergo chiude ________ mezzanotte.
4. ■ Vuole il taxi ________ due?
   ▼ Preferisco ________ una e mezza.
5. Lascio la stanza ________ mezzogiorno.

15 Lessico

Complete the table with the names of months and seasons, as in the example.

16 Preposizioni articolate

Write next to the following compound prepositions the simple preposition and its accompanying article, as in the example.

al = a + il dello = _____ degli = _____ sui = _____ nelle = _____ nell' = _____ dalla = _____

17 Preposizioni articolate

Complete the sentences below with the compound prepositions of the list.

al | dal | nel | nell' | nella | sul

1. _____ bagno manca un asciugamano.
2. _____ camera 36 non c'è il televisore.
3. Quante camere ci sono _____ appartamento?
4. La casa è a pochi metri _____ mare.
5. Andiamo _____ ristorante?
6. Avete ancora una camera con vista _____ mare?

18 Preposizioni articolate

Complete the following sentences with the compound preposition which corresponds to the simple one in brackets, as in the example.

1. (*a*) Alla prima traversa gira a sinistra e lì _________ angolo c'è la pizzeria. È proprio accanto _________ cinema.
2. (*da*) Desidero prenotare una camera singola _________ otto al quindici giugno.
3. (*di*) Avete un depliant _________ hotel con i prezzi _________ camere?
4. (*su*) Ho una bella camera con vista _________ piazza.
5. (*in*) L'albergo è _________ zona pedonale.
6. (*a*) Deve scendere _________ terza o _________ quarta fermata.
7. (*di*) La sera faccio una passeggiata per le strade _________ centro e guardo le vetrine _________ negozi.
8. (*a*) La farmacia è di fronte _________ edicola, accanto _________ banca.

6

19 Preposizioni articolate

Complete the following sentences with compound prepositions.

1. __________ tempo libero a Silvio piace dormire a lungo, andare __________ opera e __________ cinema.
2. Senta, chiamo __________ camera 27; __________ bagno mancano gli asciugamani.
3. ■ A che ora parte il treno per Siena?
   ▼ __________ una e venti.
4. L'appartamento è situato vicino __________ spiaggia a pochi metri __________ mare.
5. La Banca apre __________ 8:30 __________ 13:00.
6. ■ A che ora devo lasciare la stanza?
   ▼ __________ 10:00.

20 Lessico

Match the words in the list below with the corresponding pictures.

aria condizionata | balcone | biciclette | frigorifero | lavastoviglie | lavatrice | lettino singolo | letto a castello | letto matrimoniale | posto auto | televisore | terrazza

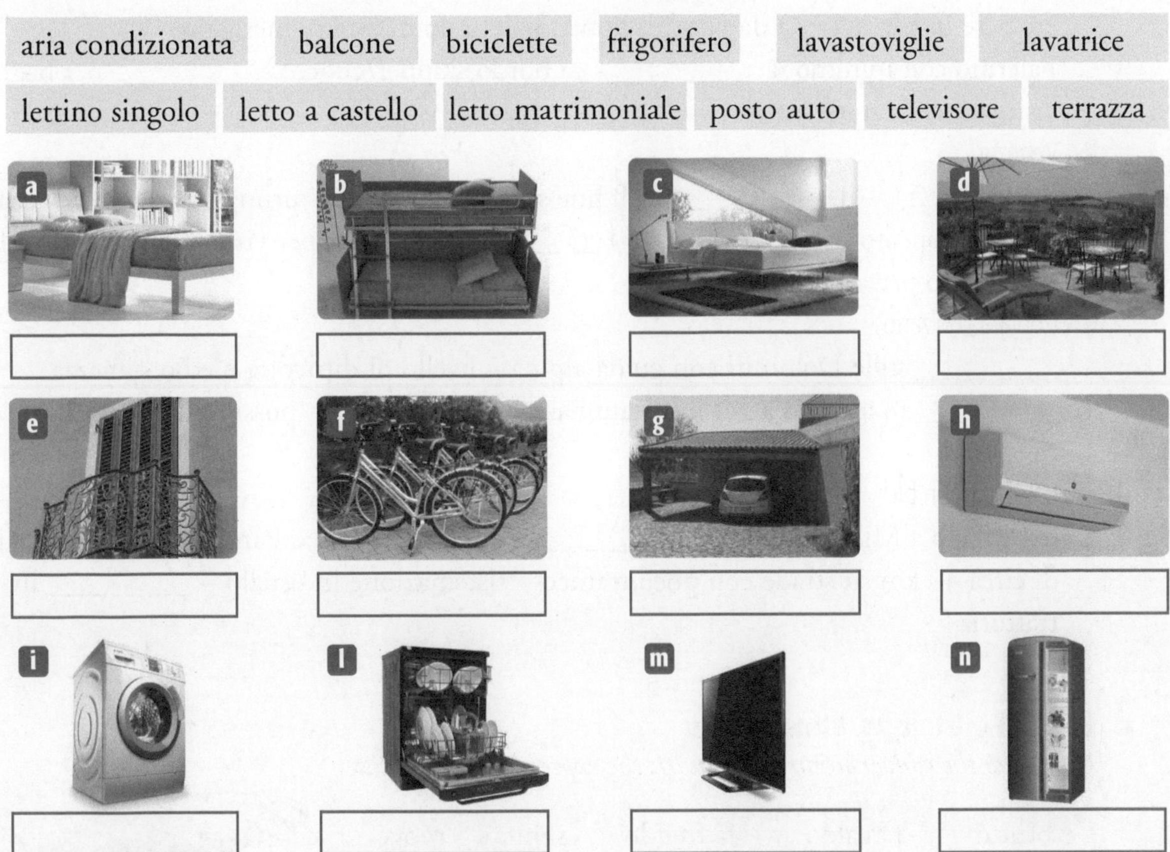

21 Pronuncia

36

a. *Listen and repeat the words focusing on pronunciation and spelling.*

bagno – anno
Sardegna – gennaio
montagna – Anna

lasagne – panna
bottiglie – mille
famiglia – tranquilla

tovaglia – Italia
voglio – olio
giugno – luglio

b. *Close the book, listen to the exercise again and write the words down a piece of paper.*

un fine settimana

1 Lessico

Complete the texts below with the words in the list.

partecipanti | pensione | costa | partenze | degustazione | soste

pacchetto | visite | escursioni | cena | biglietto

1 Toscana: da Pisa a Livorno
due giorni in Vespa per scoprire la ________ e la campagna toscana – visita a due fattorie per ________ di cibo e vino locale – pernottamento in hotel 3*

2 Sicilia
crociere in barca a vela da venerdì pomeriggio a domenica pomeriggio – ________ da Palermo con minimo 4 ________ – a bordo skipper/cuoco – ________ per bagni e visite a paesi caratteristici

3 Venezia
in albergo 2 * – il ________ per il fine settimana include: prima colazione e 1 cena (menu proposto dal nostro chef) – 1 ________ di 24 ore per visitare 4 musei a scelta – parcheggio privato gratuito

4 Corvara (Bolzano)
________ sulle Dolomiti con guida alpina – livello di difficoltà medio – mezza ________ in albergo a gestione familiare – cucina tipica – possibilità di escursioni a cavallo

5 Lombardia in bici
da Milano a Milano con soste e ________ guidate a Pavia e Parma – tappe giornaliere di circa 40 km su strade con poco traffico – sistemazione in ostello – ________ in trattoria

7

2 Lessico | Il tempo atmosferico

Complete the conversation below with the expressions in the list.

è brutto | fa caldo | fa freddo | vento | piove

■ Qui a Roma oggi c'è un bel sole e ______________.

▼ Invece qui a Trieste il tempo ______________.

■ ______________?

▼ No, ma c'è molto ______________ e ______________.

3 Passato Prossimo

*Complete the tables below with infinitive verbs or with **passato prossimo** forms. Remember that some verbs have an irregular past participle.*

infinito	passato prossimo con AVERE
	ho guardato
passare	
	ho viaggiato
fare	
	ho avuto
credere	
	ho finito
preferire	

infinito	passato prossimo con ESSERE
	sono andato/a
stare	
	sono tornato/a
entrare	
	sono caduto/a
essere	
	sono salito/a
uscire	

4 Passato Prossimo

Complete the following page taken from Maria's journal with the past participles of the verbs in the list. Remember to change the endings appropriately. The verbs are in the correct order.

andare | partire | arrivare | cercare | trovare | andare | fare | andare

preferire | uscire | avere | dormire | stare | visitare | tornare | piacere

7

Il fine settimana scorso sono __________ a Venezia con Marco. Siamo __________ da Padova in treno e dopo un'ora siamo __________ a Venezia. Abbiamo __________ subito un posto dove dormire e abbiamo __________ un b&b vicino a Rialto. Poi siamo __________ in vaporetto a Piazza San Marco dove ho __________ tantissime fotografie.

Nel pomeriggio io sono __________ a vedere una mostra, ma Marco ha __________ incontrare un suo vecchio amico, Giulio, che vive a Venezia.

La sera siamo __________ tutti e tre insieme per cenare in un ristorante tipico molto buono.

Domenica non abbiamo __________ molto tempo per visitare la città perché abbiamo __________ fino a tardi. Dopo colazione siamo __________ in giro per la città, abbiamo __________ altre chiese e palazzi e poi siamo __________ alla stazione.

Venezia mi è __________ molto e spero di tornarci presto!

Maria

5 Passato Prossimo

Insert the following verbs in the correct column according to their ***participio passato****, as in the examples.*

~~andare~~ dire fare tornare mettere piacere arrivare rimanere

avere uscire essere ~~scrivere~~ prendere dormire leggere venire stare

passato prossimo	
verbi con participio passato regolare	**verbi con participio passato irregolare**
sono andato/a	ho scritto

6 Frasi scombinate

Put the sentences in order.

1 momento / un / non / ho / libero / avuto
2 ieri / passato / Guglielmo / giornata / intensa / ha / una / molto
3 hanno / in / ristorante / pranzato / un / tipico
4 Serena / studiato/ a / ha / Londra
5 Andrea / teatro / stati / ieri / sono / non / al / Maria / e
6 non / oggi / dormito / Giuliano / bene / ha
7 cinema / ho / ieri / film / visto / interessante / un /al
8 in / siamo / Portogallo / andati / luglio / a
9 molto / è / mi / Venezia / piaciuta
10 il / a /rimasto / Mario / giorno / è / casa / tutto

7 Passato prossimo | Ausiliari

Complete the forms of the ***passato prossimo*** *choosing between the auxiliary verbs* ***avere*** *and* ***essere****.*

In tutta la sua vita Paolo _____ sempre viaggiato molto.
Ieri _____ partito per Firenze verso le 8 ed _____ arrivato tre ore dopo. Prima _____ andato in albergo, poi _____ fatto un giro per la città: _____ visitato la basilica di Santa Maria del Fiore, _____ fatto un po' di fotografie e _____ mangiato qualcosa in un bar. Il pomeriggio _____ tornato in albergo, da dove _____ telefonato a Giulio. _____ dormito un'oretta e poi _____ uscito di nuovo per andare a vedere altri monumenti. La sera _____ incontrato degli amici e _____ cenato con loro.

8 Passato prossimo | Participi passati

Complete the e-mail below with the past participles of the verbs in the list. The verbs are in the correct order.

stare	dormire	ascoltare	leggere	mangiare	suonare	mettere	uscire	fare	tornare	rimanere

Ieri sono __________ a casa tutto il giorno. La mattina hanno __________ a lungo, poi hanno __________ un po' di musica, hanno __________ un po' e a mezzogiorno hanno __________ un panino davanti alla TV. Il pomeriggio Flavia ha __________ un po' il piano e Marco ha __________ in ordine la casa. Verso le 6 sono __________, hanno __________ un giro in città e poi verso le 7:30 sono __________ a casa. La sera sono __________ a casa. Insomma, tutto il tempo senza fare niente di particolare.

9 Passato prossimo

*Complete the sentences conjugating the verbs in brackets in the **passato prossimo** form.*

1. Una mia amica (*fare*) __________________ un corso di giapponese a Tokio.
2. Dopo cena Luigi e Marta (*tornare*) __________________ a casa.
3. Anita (*scrivere*) __________________ molte e-mail.
4. Ieri Giovanna (*andare*) __________________ al lavoro in bicicletta.
5. Valentina (*lavorare*) __________________ come operaia per cinque anni.
6. Ieri (*io - dormire*) __________________ molto male.
7. L'estate scorsa (*noi - stare*) __________________ al mare.
8. Teresa, quando (*essere*) __________________ negli Stati Uniti?
9. (*Tu - dire*) __________________ a Pia che Marco (*partire*) __________________?
10. ■ Francesca, perché non (*venire*) __________________ alla mia festa?
    ▼ Perché ieri (*avere*) __________________ una emicrania terribile.

10 Passato Prossimo

*Complete the conversation between Davide and Daniela with the **passato prossimo** forms of the verbs in brackets.*

■ Allora, Daniela, dove (*tu - essere*) ______ ______ il fine settimana?
▼ Io? A Bolzano.
■ Ah, e cosa (*tu - fare*) ______ ______ di bello?
▼ (*Io - visitare*) ______ ______ un museo, (*pranzare*) ______ ______ in un locale tipico, (*andare*) ______ ______ al cinema. E tu?
■ Anch'io (*passare*) ______ ______ due giornate splendide e intense.
▼ Ah, sì? Perché, dove (*tu - andare*) ______ ______?
■ Io e Marina (*andare*) ______ ______ a Stromboli e (*fare*) ______ ______ molte cose: (*salire*) ______ ______ sul vulcano, (*fare*) ______ ______ un giro in barca, poi (*stare*) ______ ______ in spiaggia. E sai dove (*noi - dormire*) ______ ______?
▼ No, dove?
■ Sulla spiaggia, in tenda!

11 Passato Prossimo

Rewrite the following text changing the verbs from ***presente indicativo*** *to* ***passato prossimo****, as in the example.*

Laura parte per il lago di Garda con Rosa e Franca, due sue amiche. Sono in un campeggio molto piccolo, ma carino. Che cosa fanno? La mattina vanno in spiaggia per fare il bagno e prendere il sole. A pranzo non cucinano, ma mangiano una pizzetta o un panino al bar.
Il pomeriggio Laura torna al mare mentre le sue amiche visitano i paesi vicini e fanno molte escursioni e fotografie.
La sera preparano qualcosa da mangiare insieme, dopo cena Rosa e Franca vanno a dormire e invece Laura va in discoteca.

Laura è partita per il lago di Garda con Rosa e Franca, due sue amiche...

12 Passato Prossimo

Complete the following e-mail with the correct forms of the ***passato prossimo*** *of the verbs in brackets.*

Ciao Daniela,
come stai?
Ti scrivo da Capri! (*Io - venire*) ______________ a trovare Carlo per un fine settimana, ma alla fine (*rimanere*) ______________ per una settimana intera. Capri è veramente bella e Carlo è sempre molto ospitale: (*lui - comprare*) ______________ una casa un po' fuori del paese, molto grande e con un bel giardino. La sera non (*noi - uscire*) ______________ quasi mai perché Carlo (*organizzare*) ______________ molte cene a casa sua per farmi conoscere i suoi amici di Capri. (*Noi - cenare*) ________________ sempre insieme e (*bere*) ______________ un ottimo limoncello che Carlo prepara con i limoni del suo giardino!
Ieri Carlo e io (*fare*) ______________ una passeggiata sul Monte Solaro: (*essere*) ______________ un'escursione faticosa, ma alla fine (*noi - arrivare*) ______________ a una bellissima chiesa, Santa Maria a Cetrella, da dove c'è una vista bellissima.
(*Noi - visitare*) ______________ la chiesa e (*essere*) ______________ fortunati, perché normalmente è aperta solo il sabato.
Dopo, per rilassarci, (*noi - tornare*) ______________ al mare e (*fare*) ______________ un bel bagno.
(*Essere*) ______________ dei giorni bellissimi, una vera vacanza!
Torno domani a Milano e spero di vederti presto.
Un bacio, Teresa

P. S. Qui in vacanza (*io - leggere*) ______________ l'ultimo libro della Mazzucco. Te lo consiglio, è molto bello.

13 Espressioni di tempo

Fill in the table with the time expressions which logically complete each sequence.

	ieri	oggi	domani
stamattina			stanotte
	domani pomeriggio	domani sera	
ieri mattina			
la mattina		la sera	
un anno fa		una settimana fa	
	questa settimana	la settimana prossima	
sabato scorso			

14 Avverbi di tempo

Match questions and answers. Then complete answers with **ancora, appena** *or* **già**. *In one sentence there are two possible solutions.*

1 ☐ Vuoi venire a vedere il film di Benigni?
2 ☐ La mostra su Michelangelo è interessante?
3 ☐ Hai parlato con mamma?
4 ☐ Allora ci vediamo stasera?
5 ☐ Tutto a posto per il nostro viaggio a Capri?

a No, purtroppo non ho ___________ finito la relazione per domani.
b Sì, sì, ho ___________ comprato i biglietti del traghetto su internet.
c No, l'ho ___________ visto.
d Non lo so, non sono ___________ andata a vederla.
e No, non ___________, sono ___________ tornato a casa.

15 *Ci vuole / ci vogliono*

Complete with ***ci vuole*** *or* ***ci vogliono***.

1 ■ Quanto ___________ per arrivare a Sperlonga?
▼ ___________ circa un'ora.
2 Per arrivare in Italia ___________ circa dieci ore di aereo.
3 Per diventare dottore ___________ molti anni di studio.
4 Per visitare Roma con calma ___________ un paio di settimane.
5 ■ Quanti anni ___________ per finire il master?
▼ ___________ solo un anno.

test 2

TOTALE __ /100

1 Presente indicativo

__ /14

Complete the text with the ***presente indicativo*** *forms of the verbs in brackets.*

Nel fine settimana Franca e Mario (*andare*) _______________ spesso in campagna: (*volere*) _______________ rilassarsi e stare nella natura. (*Avere*) _______________ una piccola casa vicino a Firenze, in un paese che si chiama Vinci. Generalmente il venerdì (*finire*) _______________ di lavorare verso le 5 di pomeriggio e (*partire*) _______________ subito. Durante il sabato e la domenica (*dormire*) _______________ e (*mangiare*) _______________ molto. Mario (*restare*) _______________ a casa, (*leggere*) _______________ e (*preparare*) _______________ piatti tradizionali della cucina toscana.
Franca invece (*essere*) _______________ più attiva; il sabato generalmente (*fare*) _______________ lunghe passeggiate e la domenica (*lavorare*) _______________ in giardino. Purtroppo la domenica sera (*loro - dovere*) _______________ già tornare in città.

2

2 Aggettivi

__ /10

Read the following text and underline the correct adjectives.

FIRENZE - PIAZZA DELLA SIGNORIA

Questa **magnifiche/magnifica** piazza è il cuore **politico/politiche** della città. La piazza ha una **strano/strana** forma a "L". Il suo nome deriva dal **principale/principali** monumento nella piazza: il Palazzo della Signoria del 1300. La piazza non è solo il centro **civile/civili** della città **toscane/toscana** ma è anche un **grande/grandi** museo: nella Loggia dei Lanzi si trovano 15 statue **antica/antiche**. Davanti al Palazzo si trova invece una copia della **famoso/famosa** statua **rinascimentale/rinascimentali** del David di Michelangelo.

3 *C'è* e *ci sono*

__ /6

Complete the text below with ***c'è*** *or* ***ci sono****.*

LA CITTÀ DI MARZAMEMI

Sulla costa orientale della Sicilia _________ un piccolo paese che si chiama Marzamemi. Nella piazza centrale _______________ due chiese dedicate a San Francesco e _______________ anche il Palazzo di Villadorata, costruito nel 1752. In estate a Marzamemi _______________ molti turisti che vengono qui per passare una vacanza tranquilla in un posto antico. Vicino al porto _______________ alcuni ristoranti molto buoni e la sera nella strada principale _______________ sempre molta gente che passeggia o beve qualcosa in un bar.

4 Preposizioni

(___/16)

Read the following letter and underline the correct preposition.

Cara Carla,
sono **a/in** Londra. Sono arrivata 15 giorni fa e resto qui **tra/per** altre tre settimane. Finalmente sono **in/nella** vacanza. Abito **per/in** un piccolo appartamento vicino **a/di** Leicester Square. **In/Nell'**appartamento abitano anche una ragazza turca e due ragazze francesi, due sorelle. Da due giorni c'è la mamma **delle/dei** ragazze, non c'è posto per lei, e così dorme **sul/sull'**divano **nel/dal** salotto. Io passo la maggior parte **dal/del** tempo fuori casa. **Nei/Nel** musei, **allo/al** parco, **in/nell'** piscina o **a/alla** casa di amici. E tu come stai? Come va la vita **sulla/nella** nostra piccola città di provincia?

A/Ai presto! Susy

5 L'ora e gli orari

(___/12)

Complete the following sentences with the missing words.

1 (10:30) Sono le dieci e ________ .
2 (12:00) ■ Che ore sono?
● ________ mezzogiorno.
3 (15:15) Sono le quindici e ________ .
4 (12:00) Ci vediamo ________ mezzogiorno.
5 (9:00 - 13:00) Lavoro ________ nove ________ una.
6 (10:50) Sono ________ undici ________ dieci.
7 (17:25) Il treno arriva ________ cinque ________ venticinque.
8 (23:45) Il concerto finisce ________ mezzanotte meno un ________ .

6 Passato prossimo

(___/42)

Complete the following conversations with the ***passato prossimo*** *forms of the verbs in brackets. The auxiliary and the past participle are each worth a point.*

1 ■ Franco, cosa (*fare*) ____________ nel fine settimana?
● Niente di speciale: (*stare*) ____________ a casa, (*cucinare*) ____________ e poi la sera (*venire*) ____________ Maria e (*noi - cenare*) ____________ insieme.
2 Questa estate Giovanni e Laura (*andare*) ____________ in vacanza in Sicilia. (*Loro - essere*) ____________ a Taormina e a Siracusa. (*Loro - visitare*) ____________ molti monumenti e chiese e poi (*passare*) ____________ qualche giorno al mare.
3 ■ Marta, (*leggere*) ____________ l'ultimo libro di Niccolò Ammaniti?
● Sì, mi (*piacere*) ____________ molto.
4 ■ Ragazzi, (*voi - scrivere*) ____________ al professore?
● Ieri non (*noi - avere*) ____________ tempo, (*studiare*) ____________ molto.
5 ■ (*Voi - vedere*) ____________ Veronica e Stefano ieri?
● No, (*loro - partire*) ____________ per Londra, tornano la prossima settimana.
6 ■ Teresa, quanto tempo (*tu - rimanere*) ____________ a Ischia?
● Cinque giorni, (*essere*) ____________ una vacanza bellissima.
7 ■ Cinzia, come (*andare*) ____________ a Palermo?
● (*Io - prendere*) ____________ l'aereo.
8 ■ Dove (*tu - mettere*) ____________ la guida di Berlino?
● È in cucina.

2

vita quotidiana

1 Preposizioni *a*, *da* e *di* (semplici e articolate)

*Complete the sentences with the prepositions **a**, **da**, **di** with or without article, as in the example.*

1. Lavoro ______ sei ______ sera ______ mezzanotte.
2. Comincio __a__ lavorare __alle__ otto e mezza.
3. ______ che ora finisci ______ lavorare?
4. Vado a Milano ______ domani fino ______ domenica.
5. ______ che ora ______ che ora lavorate?
6. Finisco ______ lavorare ______ una e mezza.
7. Lavoro ______ lunedì ______ venerdì.
8. Sono in vacanza ______ ventisei giugno ______ otto luglio

2 Preposizioni *a*, *da*, *in* (semplici e articolate)

Complete the conversation below with the prepositions in the list.

a | a | a | alle | dalle | dalle | di | di | in | in | in | in | in

▼ E tu dove lavori?
■ ______ un negozio ______ dischi. Sono commessa.
▼ Quindi hai un orario ______ lavoro regolare.
■ Sì, ______ nove ______ mezzogiorno e mezza e poi ______ tre e mezza ______ otto.
▼ E durante la pausa che fai, torni ______ casa?
■ Raramente. Se ho fame mangio un panino o pranzo ______ un self-service.
▼ Ah.
■ ______ volte vado ______ piscina, ______ palestra...
▼ Ah.
■ ... O faccio semplicemente due passi ______ città.

3 Dialogo scomposto

This is Giacomo's morning. Put the following sentences in chronological order.

☐ l'autobus, perché i corsi iniziano
☐ a casa, mangio e
[1] Alle 7 mi sveglio, ma
☐ delle sette e mezza. Poi vado
☐ faccio una bella colazione con
☐ Alle otto meno un quarto parto con
☐ alle 8 esatte. Ho cinque ore di lezione,
☐ mi riposo un po'.
☐ non mi alzo mai prima
☐ in bagno, mi lavo, mi vesto e poi
☐ pane, burro e marmellata.
☐ fino all'una, poi torno

4 Riscrittura | Verbi riflessivi

Change the following sentences using a different subject pronoun, as in the example.

Esempio: Io mi alzo alle otto.	Tu ti alzi alle otto.
Lei si alza alle otto.	Noi ci alziamo alle otto.

1 Lucia si fa la doccia.
Io ______.
Noi ______.
Loro ______.

2 Io mi vesto con calma.
Lei ______.
Loro ______.
Voi ______.

3 Tu ti diverti in Italia?
Loro ______?
Voi ______?
Lui ______?

4 Noi ci stanchiamo al lavoro.
Loro ______.
Tu ______.
Voi ______.

5 Marco e Lea si vedono alle cinque.
Voi ______.
Lea e Giulia ______.
Noi ______.

6 Voi vi rilassate nel fine settimana.
Lei ______.
Tu ______.
Io ______.

5 Verbi riflessivi

This is Giovanni's day. Complete the text conjugating the verbs below in the first singular person of the ***presente indicativo****. The verbs are not in the correct order.*

alzarsi | andare | avere | cominciare | essere | essere | lavorare | riposarsi | tornare

Io ______ panettiere. La mattina ______ presto perché ______ a lavorare alle quattro. Di solito ______ fino all'una. Dopo il lavoro ______ a casa e ______ un po'. Il pomeriggio ______ libero e ______ tempo per la famiglia. La sera ______ a letto presto.

6 Verbi riflessivi

a. *Write a text in the first person singular. If you wish you can also use* ***prima, poi, di solito, a volte, sempre, spesso****, etc.*

7:00 svegliarsi
7:10 alzarsi, lavarsi e vestirsi
7:30 fare colazione
8:00 uscire di casa e andare al lavoro (in banca)
8:30 cominciare a lavorare
13:00 fare una pausa per il pranzo
14:00
17:00 finire di lavorare e tornare a casa
17:30 riposarsi un po'
20:00 cenare, guardare la televisione o leggere
23:00 andare a letto

La mattina mi sveglio alle sette...

b. *Now rewrite the text in the third person singular.*

La mattina Luca si sveglia alle sette...

7 Riscrittura | Verbi riflessivi

Rewrite the text using the third person singular of the ***presente indicativo.***

Mi diverto molto e poi ho tanto tempo libero e la mattina posso svegliarmi con calma e restare un po' a letto a leggere. In genere mi alzo verso le 9 e mezza, faccio una bella colazione, pulisco un po' casa, e poi mi preparo ed esco a fare la spesa.

8 Riscrittura | Verbi riflessivi

Rewrite the text using the first singular person of the ***presente indicativo.***

Anna lavora come una matta, deve alzarsi alle 6 di mattina, si lava e si veste in fretta, beve un caffè, e alle sette è già sulla metropolitana. Non torna mai prima delle 8 di sera. Si stanca molto al lavoro, ma è molto soddisfatta.

9 Riscrittura | Verbi servili e verbi riflessivi

Rewrite the sentences using the modal verbs in brackets, as in the example.

Esempio:
Ti lavi con l'acqua fredda. → (*dovere*) Devi lavarti con l'acqua fredda.

1. Mi faccio la doccia in 10 minuti.
   (*potere*) ______________________ .
2. Non si alzano presto.
   (*volere*) ______________________ .
3. Si prepara velocemente.
   (*dovere*) ______________________ .
4. Ci rilassiamo nel fine settimana.
   (*volere*) ______________________ .
5. Ci vediamo alle 6.
   (*potere*) ______________________ .
6. Ti infili le scarpe da ginnastica.
   (*dovere*) ______________________ .
7. Vi divertite in palestra.
   (*volere*) ______________________ .
8. Non si abituano al traffico.
   (*potere*) ______________________ .
9. Mi riposo domenica.
   (*potere*) ______________________ .
10. Vi svegliate alle 5.
    (*dovere*) ______________________ .

10 Presente indicativo e passato prossimo

Complete the text below with the verbs in the list. Use the ***presente*** *and the* ***passato prossimo*** *where necessary. The verbs are not in the correct order.*

alzarsi · andare · andare · andare · cominciare · dormire · essere · farsi · fare · fare · fare · fare · finire · lavorare · mettersi · passare · pranzare · prendere · tornare

Pierluigi ______________ come rappresentante. Di solito la mattina ______________ presto, verso le sei e mezza, ______________ una tuta e ______________ a fare un po' di jogging. Quando ______________ a casa ______________ la doccia e poi ______________ al lavoro. Verso l'una ______________ una pausa per il pranzo, alle due ______________ nuovamente a lavorare e non ______________ mai prima delle sette. Così la sera ______________ sempre molto stanco e, dopo una cena molto veloce, ______________ subito a dormire.
Ma ci sono giornate particolari. Ieri, per esempio, Pierluigi ______________ fino alle dieci. Non ______________ sport, non ______________ la macchina, ______________ solo due passi con Valentina, ______________ con lei e ______________ tutto il pomeriggio a casa davanti alla TV.

8

11 Lessico

Greetings and salutations. Complete the expressions.

Tanti Vivissime Buon Buona Buone In	bocca al lupo! notte! Natale! anno! divertimento! appetito! cari auguri! felicitazioni! vacanze! viaggio! sera! giornata! giorno! compleanno! lavoro!

____
____
____
____
____
____
____
____
____
____
____
____

12 Lessico

What do you say on these occasions?

1. Una persona compie gli anni. ____________________
2. Una persona parte per le vacanze. ____________________
3. A Natale. ____________________
4. A Capodanno. ____________________
5. A Pasqua. ____________________

13 Aggettivi possessivi

Change the singular into the plural, as in the example.

1. Il mio cappello è nuovo. I miei cappelli sono nuovi.
2. La tua casa è grande. ____________________
3. Il tuo cane è fedele. ____________________
4. La tua amica è inglese. ____________________
5. Il tuo appartamento è piccolo. ____________________
6. La mia macchina è veloce. ____________________
7. La mia chitarra è nuova. ____________________
8. La tua valigia è pesante. ____________________

8

14 Aggettivi possessivi

Complete each sentence with a definite article and a possessive adjective, as in the example.

Esempio:
Le tue valigie sono pesanti.

1. ____ mi__ amiche sono simpatiche.
2. ____ tu__ vestiti sono eleganti.
3. ____ tu__ medicine sono sul tavolo.
4. ____ mi__ bicicletta è rossa.
5. ____ mi__ colleghi sono simpatici.
6. ____ tu__ amico parla italiano?
7. ____ mi__ famiglia vive in Francia.
8. ____ tu__ macchina è vecchia.
9. ____ tu__ piante sono molto belle.
10. ____ mi__ professore si chiama Carlo.

15 Aggettivi possessivi

Complete each sentence with the appropriate possessive adjective.

1. Passo sempre il Natale con la ________ famiglia.
2. Torno nel ________ paese a Pasqua per vedere i ________ fratelli.
3. Vai al cinema con le ________ amiche domenica?
4. Tu devi passare più tempo con i ________ figli.
5. Invito spesso a cena i ________ amici.
6. Io e le ________ figlie la domenica pranziamo sempre con i ________ genitori.
7. Che regalo vuoi per il ________ compleanno?
8. Hai invitato i ________ colleghi al ________ matrimonio?
9. Per San Valentino andiamo a cena nel ________ ristorante preferito.
10. Voglio presentarti la ________ fidanzata.

16 Pronuncia

43 

a *Do you hear* ***t*** *or* ***tt****?*

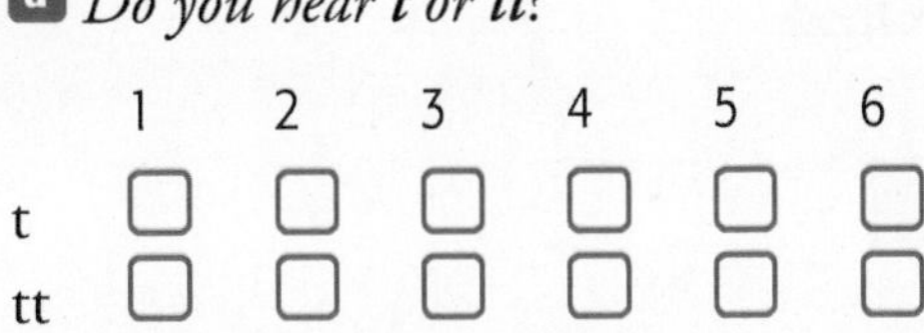

b *Do you hear* ***p*** *or* ***pp****?*

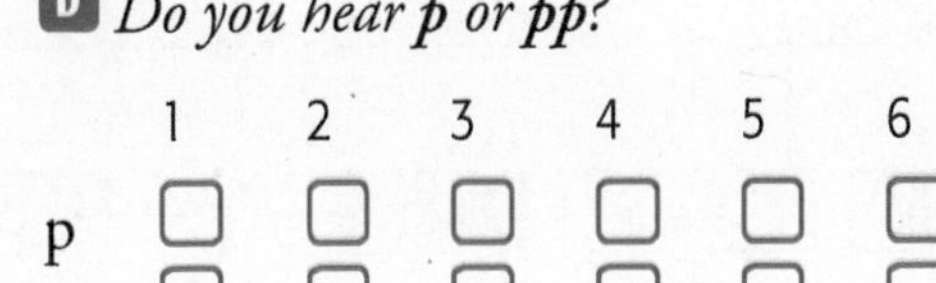

8

c *Do you hear* ***m*** *or* ***mm****?*

	1	2	3	4	5	6
m	☐	☐	☐	☐	☐	☐
mm	☐	☐	☐	☐	☐	☐

d *Do you hear* ***n*** *or* ***nn****?*

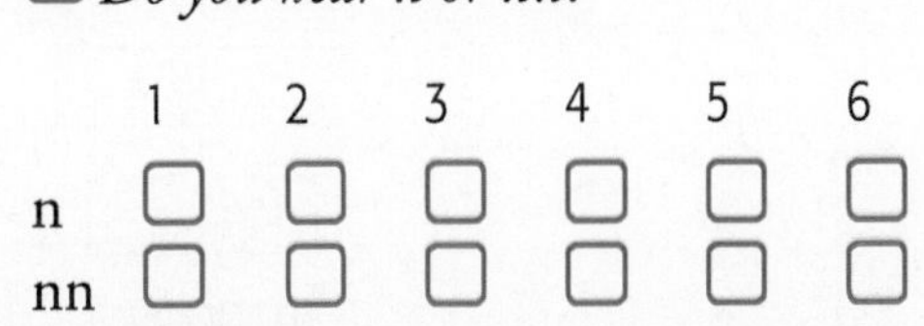

e *Listen to all the words again and write them.*

la famiglia

1 Lessico

Look at the family tree then complete the following text with the names of the relationships. Put together the letters in the highlighted grey boxes and you will find the answer to the final question.

Arianna, Teresa e Ada sono le __ __ __ __ __ __ di Savina.

Pia e Giorgio sono __ __ __ __ __ __ di Sandra e __ __ __ __ __ __ __ __ di Paolo.

Ada e Giovanni sono i __ __ __ __ __ __ __ __ di Luigi; Arianna e Teresa le __ __ __,

Savina e Arnaldo i __ __ __ __ __ e Marco il __ __ __ __ __ __.

Giovanni è il __ __ __ __ __ __ di Ada e Ada è la __ __ __ __ __ __ di Giovanni.

Luciana è la __ __ __ __ __ __ di Arianna. E cos'è Giovanni per Arnaldo?

Soluzione: È il __ __ __ __ __ __.

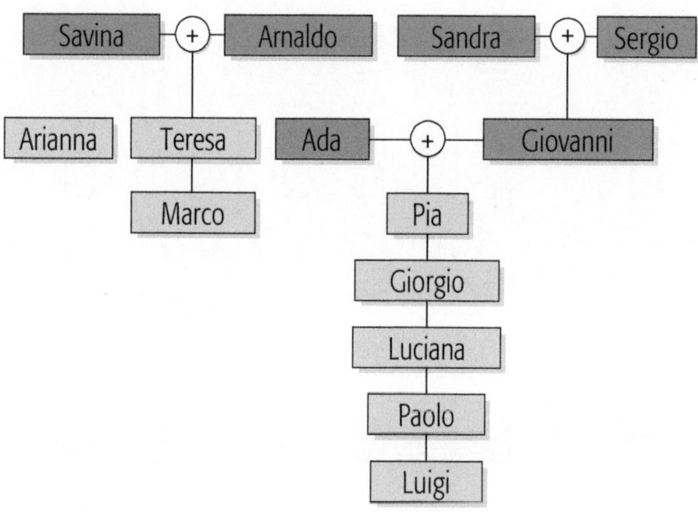

2 Lessico

Insert in the table the names of the relationships corresponding to the following definitions. At the end, in the vertical gray line you will read the word which in Italian means "sister's husband" or "wife's brother".

1. il padre del marito
2. il figlio del figlio
3. la figlia della zia
4. la mamma della madre
5. il marito della madre
6. il figlio della sorella
7. il fratello della madre

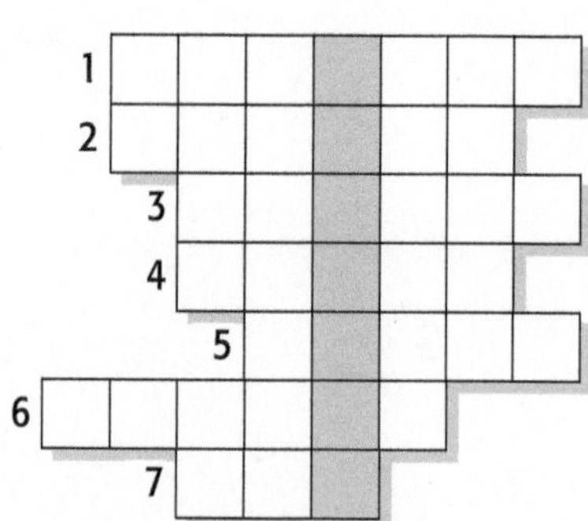

3 Dialogo scombinato

Put the conversation into the correct order.

- [1] Vivi da solo?
- ☐ Più grandi o più piccoli di te?
- ☐ Sì, e tu?
- ☐ Ah. E vivono da soli o con i tuoi?
- ☐ E hai fratelli?
- ☐ Io ho un fratello e una sorella.
- ☐ Mia sorella è più grande e mio fratello più piccolo.
- ☐ Anch'io. I miei vivono a Lucca.
- ☐ No, sono figlia unica. E tu?
- ☐ Mio fratello vive da solo, mia sorella, invece, vive ancora con i miei.

4 Combinazioni

Read again the text of activity 4, Lesson 9 of the textbook and match every person in the left column with two phrases in the right column.

1 Andrea
2 Franco
3 Dario
4 Mara
5 Gianni

a ☐ porta la barba.
b ☐ si è laureato da poco.
c ☐ ha sposato la sorella di Dario.
d ☐ ha due figli.
e ☐ qualche volta va in palestra.
f ☐ non è riuscito a finire gli studi.
g ☐ ha sposato Andrea.
h ☐ è andato a vivere in un'altra città.
i ☐ non ha notizie dell'amico da molto tempo.
l ☐ è una persona in gamba.

5 Aggettivi possessivi

Complete the following sentences with the last letter of possessive pronouns and adding definite articles where necessary.

1 _______ nostr__ amici ci hanno invitato al mare.
2 Tu___ sorella vive ancora a Londra?
3 Se vuoi ti regalo _______ mi___ bicicletta: io non la uso più.
4 _______ tuo__ occhiali sono sul tavolo, li vedi?
5 Quando arrivano _______ vostr___ genitori?
6 No, Gianni non è su___ marito, è _______ su__ compagno!
7 Venite, vi faccio vedere _______ vostr___ stanza.
8 _______ mie___ zii si sono trasferiti in campagna.
9 Sei sicura che questa è _______ su__ macchina?
10 Scusa, questi guanti sono _______ tuo___ o _______ mie___?

6 Aggettivi possessivi

Complete the table changing the word chunks from singular to plural and vice versa, as in the example.

singolare	plurale
la mia amica	le mie amiche
la nostra vacanza	
suo zio	
	i loro alberghi preferiti
la vostra scuola	
il nostro insegnante	
	i miei compagni di corso
	le tue vacanze
sua sorella	
	le vostre colleghe
il loro problema	

7 Combinazioni

Make sentences, as in the example.

1 Carla è la mia → migliore amica.
2 Sandra e Lucia sono le mie
3 Questo è il tuo
4 Ma quella non è tua
5 Conosci già le mie
6 Ieri abbiamo incontrato i nostri
7 Non conosco ancora i tuoi
8 Silvano è il loro
9 Ti presento i miei
10 Domani arriva mio

cugine preferite.
madre?
migliore amica.
genitori.
fidanzato?
cugino.
sorelle?
amici.
cognato.
nonni.

8 Aggettivi possessivi

Complete the text with the possessive adjectives and, where necessary, with the definite articles.

Mi chiamo Matteo, ho 19 anni. ____________ madre ha 43 anni e lavora part-time nella libreria di ____________ sorella (____________ zia). ____________ padre, invece, è impiegato presso una ditta di computer. Sono figlio unico, però questo per me non è mai stato un problema, forse perché ho sempre avuto la possibilità di giocare con ____________ cugini. ____________ madre e ____________ sorelle sono sempre state molto legate, così io e ____________ cugini siamo praticamente cresciuti insieme.

9 Aggettivi possessivi

Complete the text with the possessive adjectives and, where necessary, with the definite articles.

La famiglia di Paolo non è molto grande. Purtroppo ____________ nonni non ci sono più e nemmeno ____________ genitori. Ha quattro fratelli, due zie e un solo cugino. ____________ fratelli Giorgio e Luigi sono medici e abitano a Ferrara; ____________ sorella Pia e ____________ marito vivono a Trento con ____________ figlia; l'altra sorella, Luciana, insegna in Germania dove abita con ____________ famiglia. Paolo ha due figli. ____________ figlio Giacomo si è laureato da poco in matematica, mentre ____________ figlia Serena studia biotecnologia a Verona. Lui è commerciante e ____________ moglie lavora all'Agenzia delle entrate.

10 Combinazioni

Form sentences matching the words and phrases in the three columns.

Luca e Daniele	ci siamo incontrati	in ingegneria due settimane fa.
Mia sorella	vi siete alzati	per caso in treno!
Roberto	si sono trasferiti	perché la sorella gli ha preso la macchina.
Voi	si è sposata	presto questa mattina.
Io e Claudio	mi sono laureata	con un mio compagno di classe.
Io	si è arrabbiato	in campagna.

9

11 Passato prossimo

Complete the following sentences conjugating the verbs in brackets in the ***passato prossimo*** *form.*

1. Dario non (*riuscire*) ____________________ a finire gli studi.
2. Mio nonno (*dedicarsi*) ____________________ per molti anni al giardinaggio.
3. È stata veramente una splendida vacanza: ho letto, ho nuotato, ho preso il sole, insomma, (*io - riposarsi*) ____________________!
4. Stamattina Patrizia (*prendere*) ____________________ la macchina perché (*alzarsi*) ____________________ tardi e (*perdere*) ____________________ il treno.
5. Ho sentito che Rosa e Alfredo (*andare*) ____________________ a teatro insieme sabato sera.
6. Tu e Giacomo (*sposarsi*) ____________________ in chiesa?
7. Senta, Le do il mio nuovo indirizzo perché (*io - cambiare*) ____________________ casa.
8. Scusa, e tu (*arrabbiarsi*) ____________________ con Sandra solo perché è arrivata con un'ora di ritardo?
9. Gloria (*laurearsi*) ____________________ l'anno scorso in matematica.
10. Ieri non (*io - sentirsi*) ____________________ bene, ho avuto un forte mal di testa.
11. Giulia e Giovanna (*divertirsi*) ____________________ tantissimo alla festa di Andrea.
12. Carla e Pietro (*incontrarsi*) ____________________ a Piazza Verdi e poi sono andati al cinema.

12 Riscrittura | Passato prossimo

Rewrite the following text in the third person singular changing the tense from the ***presente indicativo*** *to the* ***passato prossimo.***

Il sabato mi sveglio tardi (mi alzo verso le 11), mi metto una tuta e vado a correre per circa trenta minuti. Torno a casa, mi lavo, mi vesto e faccio due passi in città. Vado in centro per incontrare i miei amici. Poi verso le 13:00 torno a casa e pranzo con i miei genitori. Il pomeriggio resto a casa: leggo un po' e poi mi dedico alla musica, suono il pianoforte. La sera esco e vado al cinema.

13 Passato prossimo

Complete the following e-mail conjugating the verbs in brackets in the ***passato prossimo.***

Caro Giorgio,
qui va tutto bene, *(io - trasferirsi)* ______________________ a Roma da un mese. Abito con mio fratello Edoardo. Vi *(io - dire)* ______________________ che la sua ragazza aspetta un bambino? All'inizio *(io - preoccuparsi)* ______________________, perché sono ancora tanto giovani. Poi ho pensato che Edoardo ha ventidue anni, ma è molto maturo: *(lui - cominciare)* ______________________ a lavorare subito dopo il liceo, a vent'anni *(lui - comprare)* ______________________ una casa, l'anno scorso lui e Teresa *(andare)* ______________________ a vivere insieme e sono una bellissima coppia. Insomma, sono molto felici e anch'io ora mi sento molto tranquilla per loro.
Ho cominciato i corsi all'università la settimana scorsa. Alla fine *(io - cambiare)* ______________________ idea, *(io - iscriversi)* ______________________ a Ingegneria. Mamma *(arrabbiarsi)* ______________________ moltissimo, dice che sono troppo impulsiva.
Rocco, il ragazzo che *(venire)* ______________________ con me a cena a casa vostra quest'estate, l'ho visto ieri sera. *(Noi - andare)* ______________________ al cinema insieme. Sta bene e vi saluta, dice che *(lui - divertirsi)* ______________________ tanto con voi e spera di rivedervi presto. Io e lui *(vedersi)* ______________________ spesso in questi mesi, *(darsi)* ______________________ qualche bacio, ma non lo so ancora se è vero amore.
Vi faccio sapere.
Ora che finalmente tu e Anna *(trovare)* ______________________ casa e *(sistemarsi)* ______________________, magari vengo a passare qualche giorno con voi a Londra.

Tanti baci

Barbara

14 Passato prossimo

Complete the e-mail conjugating the verbs in brackets in the ***passato prossimo.***

Ciao Dario,
ieri sono andata al matrimonio di Andrea e (*stupirsi*) ________________ molto di non trovarti lì. Perché non (*tu - venire*)________________? (*Essere*) ________________ una bella cerimonia, semplice ma molto emozionante. Naturalmente mi sono commossa molto e (*mettersi*) ________________ a piangere come una scema. Dopo la cerimonia (*noi - andare*) ________________ tutti al ricevimento in un bellissimo casale di campagna. (*Noi - divertirsi*) ________________ un sacco, e poi abbiamo mangiato benissimo. Finalmente (*io - conoscere*) ________________ i fratelli di Andrea. Sua sorella Silvia è molto simpatica, (*noi - chiacchierare*) ________________ per ore, e alla fine mi (*lei - invitare*) ________________ a cena a casa sua la settimana prossima. Suo fratello è molto carino e gentile, ma un po' timido, (*io - riuscire*) non ________________ a parlargli molto. Insomma, (*essere*) ________________ una bella giornata, l'unico problema è che ho mangiato veramente troppo, e la sera (*sentirsi*) ________________ male.
Allora, ho sentito che tu e Giulia finalmente (*laurearsi*) ________________ , congratulazioni!
A presto
Baci
Fernanda

P.S. (*Tu - ricordarsi*) ________________ di chiamare Renata per il suo compleanno?

15 Passato prossimo e aggettivi possessivi

Complete the conversation with the correct forms of the ***passato prossimo*** *of the verbs in brackets on the continuous lines (__________) and the possessive adjectives on the dotted lines (_ _ _ _).*

Ragazza: Durante le vacanze (*venire*) ________________ a trovarmi un cugino che vive in Ohio.

Ragazzo: In Ohio? Ma dai, non sapevo che avessi famiglia in America!

Ragazza: Mah, sono dei parenti di _ _ _ _ madre che (*trasferirsi*) ________________ negli Stati Uniti molti anni fa, a Cincinnati, io quasi non li conosco. L'ultima volta che (*noi -vedersi*) ________________ è stato 9, 10 anni fa...

Ragazzo: Tanto tempo...

Ragazza: Sì, infatti, solo _ _ _ _ mamma ha mantenuto i contatti con loro... E insomma lei e _ _ _ _ cugina (*sentirsi*) ________________ lo scorso Natale e hanno avuto questa idea di ospitare i propri figli, a turno.

Ragazzo: Cioè?

Ragazza: Cioè questa estate è venuto _ _ _ _ cugino, e il prossimo anno vado io a Cincinnati, a casa _ _ _ _

Ragazzo: Ma è proprio un bel progetto... E _ _ _ _ cugino che tipo è?

Ragazza: Mah, è molto simpatico... Si chiama David... Abbiamo la stessa età, e gli (*io - presentare*) ________________ Mara e Sandro. Siamo usciti spesso la sera, (*divertirsi*) ________________...

Ragazzo: Parla italiano?

Ragazza: Un po', con un forte accento americano, è un po' buffo... Ma alla fine è migliorato, abbiamo parlato tanto... (*Essere*) ________________ interessante conoscere una persona che viene da un altro paese...

9

sapori d'Italia

1 Lessico

In each group there is a word which is the odd one out. Which is it?

1. prosciutto – salame – carne – mortadella
2. ciliegie – uova – pesche – arancia
3. carne – pesce – pesche – pollo
4. aglio – cipolla – carote – uva
5. olio – burro – latte – formaggio
6. zucchero – patate – miele – biscotti

2 Lessico

Complete the crossword puzzle. Use the dictionary if necessary. At the end you will find the name of an object that people use in supermarkets.

3 Lessico

The names of eleven foods are hidden in the grid below. Highlight them as in the example. The remaing letters, read in order, will compose an Italian expression and the appropriate reply (both are used right before eating).

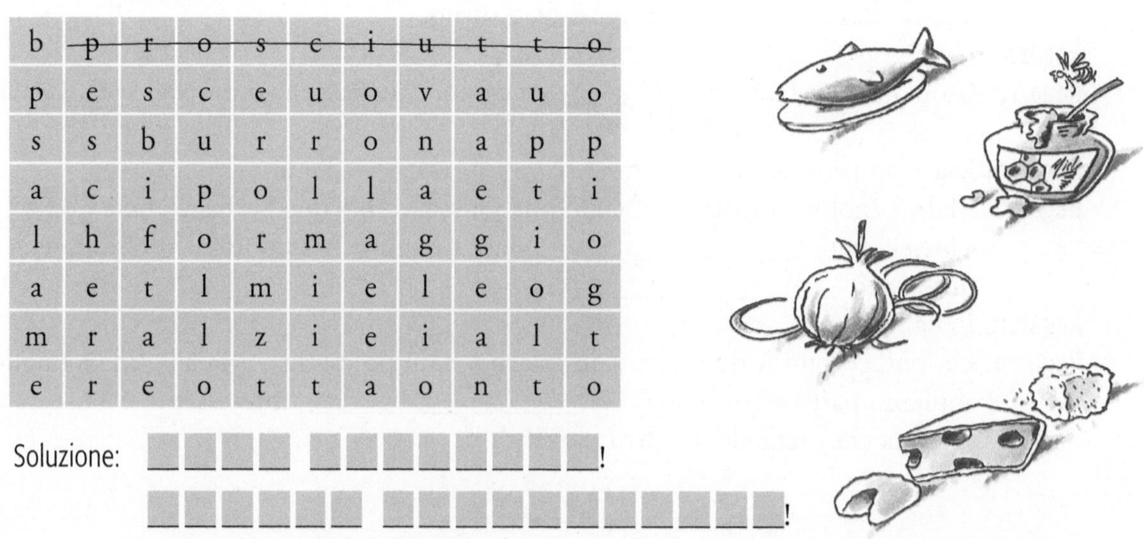

b	~~p~~	~~r~~	~~o~~	~~s~~	~~c~~	~~i~~	~~u~~	~~t~~	~~t~~	~~o~~
p	e	s	c	e	u	o	v	a	u	o
s	s	b	u	r	r	o	n	a	p	p
a	c	i	p	o	l	l	a	e	t	i
l	h	f	o	r	m	a	g	g	i	o
a	e	t	l	m	i	e	l	e	o	g
m	r	a	l	z	i	e	i	a	l	t
e	r	e	o	t	t	a	o	n	t	o

Soluzione: _ _ _ _ _ _ _ _ _ _ _ _ !

_ _ _ _ _ _ _ _ _ _ _ _ _ _ _ _ _ _ _ !

4 Lessico

In each sequence cross out the odd one out, as in the example. Then underline the one which includes the remaining four words. Use the dictionary if necessary.

1 parmigiano ricotta prodotti del latte mozzarella ~~pelati~~
2 panini ciliege uva fragole frutta
3 spinaci scatola verdura carciofi melanzane
4 affettati mortadella frittata prosciutto salame
5 crostata dolci torta biscotti riso
6 vino acqua minerale bevande pesche spumante

5 Lessico

How many combinations are possible?

Un pacco di Un litro di Un chilo di Un etto di Mezzo chilo di Sei	carne macinata pasta salame uova patate latte cipolle riso prosciutto bistecche uva vino

6 Lessico

Complete the sentences with the words in the list below.

aglio | latte | vino rosso | salame | uova
pelati | parmigiano | spaghetti | patate | maionese

1 Una scatola di ____________________
2 Uno spicchio di____________________
3 Un pacco di____________________
4 Un bicchiere di ____________________
5 Un vasetto di ____________________
6 Un litro di ____________________
7 Un pezzo di ____________________
8 Un chilo di ____________________
9 Un etto di ____________________
10 Tre ____________________

uova
patate
salame
aglio

10

7 Pronomi diretti

Complete the following conversations with the pronouns ***lo, la, li, le.***

1 ■ Sei peperoni, per cortesia.
▼ _____ vuole rossi o gialli?

2 ■ Il parmigiano fresco o stagionato?
▼ _____ preferisco piuttosto stagionato.

3 ■ Ti piace il pesce?
▼ Sì, _____ mangio spesso.

4 ■ Ancora qualcos'altro?
▼ Della mortadella, ma _____ vorrei affettata sottile.

5 ■ Ha dell'uva buona?
▼ Certo. _____ preferisce bianca o nera?

6 ■ Ci sono i ravioli oggi?
▼ Sì, _____ vuole agli spinaci o alla zucca?

7 ■ Compri tu le olive?
▼ Sì. _____ prendo verdi o nere?

8 ■ Non ci sono più uova.
▼ Non c'è problema, _____ compro io.

8 Pronomi diretti

Complete the sentences with the direct pronouns ***la, lo, li, le.***

1 Mi dà un pacco di riso, ______ vorrei integrale.

2 Prendi due spicchi d'aglio e ______ metti in padella con un po' d'olio.

3 Abbiamo finito la pancetta, puoi comprar______?

4 Ho comprato i calamari, vuoi mangiar_______ fritti o alla griglia?

5 Devi prendere una pentola grande e riempir_______ d'acqua.

6 Prendi il petto di pollo, _______ tagli a pezzi e _______ passi nella farina.

7 Per la carbonara facciamo gli spaghetti, _______ preferisco.

8 Per dolce ho preso le fragole, posso preparar_______ con la panna.

9 Pronomi diretti

Complete the sentences with the direct pronouns ***la, lo, li, le,*** *as in the example.*

Esempio:
Dove **posso** prendere **una forchetta**? (*tu, nel cassetto*) Puoi prenderla nel cassetto.

1 Quando vuoi cucinare le bistecche? (*io, domani*)
____

2 Dove posso comprare il latte? (*tu, al bar qui sotto*)
____

3 Chi deve fare la spesa oggi? (*Andrea*)
____

4 Dove posso trovare le uova? (*Lei, nell'ultimo reparto a destra*)
____

5 Chi può tagliare la pancetta? (*io*)
____

6 Dove posso mettere lo zucchero? (*tu, sul tavolo*)
____

7 Come vuoi cucinare le salsicce? (*io, in padella*)
____

8 Quando posso buttare la pasta? (*tu, tra dieci minuti*)
____

10

10 Uso partitivo della preposizione *di* + articolo

*Complete with **di** + article.*

1 Vorrei ________ aglio.
2 Ha ________ parmigiano stagionato?
3 Puoi comprare ________ latte e ________ uova?
4 Ha ________ uva buona?
5 Ho comprato ________ ciliegie e ________ pesche.
6 Oggi abbiamo ________ pesce molto buono.
7 Vorrei ________ carne macinata.
8 Il pane è finito. Vanno bene anche ________ panini?

11 Uso partitivo della preposizione *di* + articolo

*Do you know these Italian dishes? Complete with the partitive **del, della, dei,** etc.*

1 Per fare **il tiramisù** dovete comprare ________ biscotti, ________ mascarpone*, ________ uova, ________ caffè e ________ zucchero.

2 Per **il pinzimonio** prendete ________ verdure fresche, ________ olio d'oliva, ________ aceto, ________ sale e ________ pepe.

3 Per **il carpaccio** dovete prendere ________ manzo crudo, ________ parmigiano, ________ olio d'oliva, ________ sale, ________ pepe e ________ limone.

*il mascarpone = un formaggio di tutta crema

12 Pronomi diretti e particella *ne*

*Complete the sentences with **lo, la, li, le** or **ne.***

1 Prendo le ciliegie, ma ______ vorrei buone.
2 Prendo le ciliegie, ma ______ vorrei solo un chilo.
3 Non amo molto i dolci: ______ mangio pochi.
4 I dolci? Non ________ mangio molto spesso.
5 Vuole del vino? ____ preferisce rosso o bianco?
6 Il vino a tavola c'è sempre. A pranzo ______ bevo uno o due bicchieri.
7 La pasta mi piace e _______ mangio molta.
8 La pasta mi piace e _______ mangio spesso.

13 Pronomi oggetto diretto e particella *ne*

Complete the conversation with the direct pronouns and with ***ne****.*

■ Cosa desidera oggi?
▼ Due etti di salame. Ma _____ vorrei sottile, per cortesia.
■ Certo, signora. Ancora qualcosa?
▼ Sì. Delle olive.
■ _____ preferisce verdi o nere?
▼ Verdi.
■ Quante _____ vuole?
▼ Circa due etti.
■ Benissimo. Qualcos'altro?
▼ Sì, del parmigiano e poi... un pacco di zucchero.
■ Il parmigiano _____ vuole fresco o stagionato?
▼ Stagionato. _____ vorrei circa due etti e mezzo.
■ Altro?
▼ No, nient'altro, grazie.

14 Lessico

Who is speaking? The shop assistant or the customer?

	Commesso	Cliente
1 Che cosa desidera oggi?	☐	☐
2 Va bene così?	☐	☐
3 Ha del parmigiano?	☐	☐
4 Nient'altro, grazie.	☐	☐
5 Quanti ne vuole?	☐	☐
6 Si accomodi alla cassa.	☐	☐
7 Altro?	☐	☐
8 Ne vorrei mezzo chilo.	☐	☐
9 Lo posso assaggiare?	☐	☐
10 Va bene lo stesso?	☐	☐
11 No, un po' di più, per favore.	☐	☐
12 Ancora qualcos'altro?	☐	☐
13 Ne vorrei mezzo chilo.	☐	☐
14 Lo può affettare molto sottile?	☐	☐
15 Fresco o a lunga conservazione?	☐	☐
16 No, no, anzi è molto stagionato.	☐	☐
17 Ma sono freschi?	☐	☐

15 Pronomi diretti e particella *ne*

Complete the mini-conversations with the direct pronouns and with ***ne****.*

1 ■ Vorrei della carne macinata.
▼ _____ preferisce di maiale o di vitello?
2 ■ E poi del prosciutto cotto, per cortesia.
▼ Quanto _____ vuole?
3 ■ Un pezzo di parmigiano, per piacere.
▼ _____ vuole fresco o stagionato?
4 ■ Belle queste fragole. ______ posso prendere una?
▼ Certo, signora, prego.
5 ■ Ha del pecorino?
▼ Certo. _____ ho uno veramente buonissimo. _____ vuole assaggiare*?
6 ■ Otto peperoni, per piacere.
▼ Come _____ vuole? Verdi o rossi?
7 ■ Compri tu le lasagne?
▼ D'accordo. _____ vuoi fresche o dal freezer?

*assaggiare = provare

10

16 Combinazioni

Match the questions and answers.

1 ☐ Conoscete quei ragazzi là?
2 ☐ Perché non esci mai con Carlo?
3 ☐ Leggi molti libri?
4 ☐ Prendi sempre così tanto pane?
5 ☐ Leggete il giornale?
6 ☐ Quando vedi Federica e Valentina?
7 ☐ Hai visto il telegiornale stasera?

a Certo, ma solo on line.
b Eh, sì. Pensa che ieri ne ho comprato un chilo!
c No, in questi giorni non ho tempo. Non lo vedo da ieri.
d Lo odio! È noioso e fuma pure.
e Sì, frequentano il corso d'italiano con noi. Li conosciamo molto bene.
f Di solito sì. E li leggo volentieri in biblioteca.
g Mah, penso di incontrarle domani.

17 Pronuncia

49

Check the sound that you hear: ***b*** *or* ***p****?*

	1	2	3	4	5	6	7	8	9	10	11	12	13	14
b	☐	☐	☐	☐	☐	☐	☐	☐	☐	☐	☐	☐	☐	☐
p	☐	☐	☐	☐	☐	☐	☐	☐	☐	☐	☐	☐	☐	☐

fare acquisti

1 Lessico

Look at the picture in Activity 1, Lesson 11 of the textbook, then complete the crossword puzzle.

ACROSS →
1 Adriana ne ha una gialla.
2 Eugenio ha le scarpe da...
3 Sandro li ha di pelle.
4 Eleonora ne ha uno celeste.
5 Fabrizio ne ha una a righe.
6 Adriana ne indossa una nera.

DOWN ↓
8 Eleonora ha le scarpe con i...
9 Adriana le ha basse.
10 Eleonora ne ha uno blu.
11 Quelli di Vittoria sono neri.
12 Sandro ne ha una verde.
13 Fabrizio ne porta una bianca.

11

2 Aggettivi | Colori

Complete the adjectives with the correct endings

1 Martina oggi indossa dei pantaloni ner___ , una camicetta celest___ e una giacca bianc___.
2 Sergio per andare in ufficio mette un vestito grig___ o marron___.
3 Giuseppe oggi ha messo i jeans con una camicia verd___ e una giacca ner___.
4 Eva porta spesso una gonna bl___ e una camicetta ros___ .
5 Franco indossa volentieri i pantaloni grig___ con un pullover ross____.
6 A Giuliana piacciono le gonne giall___, azzurr___, verd___ o ross___.

3 Combinazioni

Match questions and answers.

a ☐	Che taglia porta?	1	Certo. Però deve conservare lo scontrino.
b ☐	Desidera?	2	Ma no, Le sta benissimo!
c ☐	Questo modello come Le sembra?	3	Cerco degli stivali di pelle.
d ☐	Quanto costa questa borsa?	4	La 42.
e ☐	Se la camicia non va bene, la posso cambiare?	5	147 Euro.
f ☐	Il giallo non è un colore troppo vivace per me?	6	Mah, forse è un po' troppo classico.

4 Futuro semplice

Complete the sentences conjugating the verbs in brackets in the ***futuro semplice.***

1. (*Noi - essere*) ________________ in Italia per realizzare il nostro sogno di diventare top model.
2. (*Loro - avere*) ________________ un personal shopper.
3. Il personal shopper (*spiegare*) ________________ alle ragazze le basi della moda italiana.
4. (*Io - essere*) ________________ il trainer delle ragazze.
5. (*Tu - preparare*) ________________ le ragazze per la sfilata.
6. (*Voi - dovere*) ________________ imparare a camminare con grazia.
7. La produzione televisiva (*portare*) ________________ le ragazze in giro per le città italiane.
8. Tutte le ragazze (*guidare*) ________________ una Ferrari.
9. (*Tu - imparare*) ________________ a fare la pasta fatta in casa.
10. Voi (*potere*) ________________ apprezzare i prodotti tipici italiani.
11. I giudici (*scegliere*) ________________ una delle ragazze.
12. (*Noi - offrire*) ________________ alla vincitrice un contratto con una famosa agenzia di moda.

5 Futuro semplice

Complete the sentences conjugating the verbs in brackets in the ***futuro semplice.***

1. Un giorno (*noi - parlare*) ________________ perfettamente italiano.
2. Presto (*voi - tornare*) ________________ in Giappone.
3. Tra due anni Giacomo (*finire*) ________________ l'università.
4. Forse (*io - comprare*)________________ un paio di scarpe con i tacchi alti.
5. Tra un paio d'anni (*loro - sposarsi*) ________________.
6. Prima o poi (*tu - uscire*) ________________ con la ragazza del piano di sopra?
7. Dicono che Silvia (*partecipare*) ________________ a un talent show.
8. Un giorno (*noi - andare*) ________________ in India.
9. Prima o poi mi (*tu - insegnare*) ________________ a fare la pasta in casa.
10. Un giorno (*io - fare*) ________________ un corso di cucina.
11. Come (*loro - scegliere*)________________ la vincitrice del concorso di bellezza?
12. Un giorno (*voi - essere*) ________________ ricchi.

11

6 Riscrittura

Rewrite the following texts changing the subject.

1 Io sono sicura: prima o poi diventerò ricca e potrò comprarmi tutti i vestiti che voglio. Per prima cosa comprerò un paio di stivali di Prada.
Eleonora è sicura, prima o poi

2 Un giorno io e Marta ci sposeremo, avremo una bellissima cerimonia in una chiesa di campagna e organizzeremo un ricevimento in una villa sul Lago di Como.
Un giorno Enrico e Marta...

3 Franco non ha vestiti eleganti. Quando discuterà la sua tesi di laurea probabilmente metterà il completo blu di suo fratello e prenderà una delle cravatte di suo padre. Dovrà comprare solo le scarpe: tra qualche giorno lui e Vittoria andranno insieme al centro commerciale e ne cercheranno un paio.
Io non ho vestiti eleganti. Quando...

7 Pronomi indiretti

Complete the sentences with the indirect pronouns ***gli, le*** *and* ***gli.***

1 Esco con mio figlio nel pomeriggio, devo comprar____ un paio di scarpe.
2 Sono andato al bar con Maria e Dario e ____ ho offerto un caffè.
3 ■ Ti sei ricordato del regalo per Giovanna?
▼ Sì, ____ ho comprato una borsa.
4 Giorgio e Alessandro erano in ritardo, così ____ ho prestato il motorino.
5 Anna portava un vestito rosso, ____ stava molto bene.
6 Ho chiamato le mie amiche e ____ ho promesso di andare a fare shopping con loro.
7 Stefano era indeciso sul colore dei pantaloni: ____ ho consigliato di prendere quelli blu.
8 I miei genitori volevano regalarmi un maglione, ma ____ ho detto che preferivo un paio di jeans.

11

8 Pronomi indiretti

Complete the sentences with the indirect pronouns.

1 Fabio voleva comprare delle scarpe: ____ ho suggerito di andare in centro.
2 Dove hai comprato questa gonna? ____ sta molto bene!
3 Signora, se vuole cambiare la camicia, ____ consiglio di conservare lo scontrino.
4 Devo andare a un matrimonio sabato, puoi prestar____ un vestito elegante?
5 Avete letto l'e-mail che ____ ho mandato ieri?
6 Ho telefonato a Stefania per chieder____ un favore.
7 È un po' che non sento Roberto e Bruno, stasera ____ telefono.
8 Un momento, Signore, ____ prendo una taglia più grande.
9 Nel pomeriggio andiamo in quel negozio che ____ hai raccomandato.
10 Scusa, Maria, posso chieder____ un favore?
11 Carlo ha freddo, puoi portar________ un maglione?
12 Se vengono Andrea e Valentina possiamo finalmente dar____ il nostro regalo.

9 Pronomi indiretti
Complete with the indirect pronouns.

1. Preferisco i colori vivaci, il nero non ___ piace.
2. Marina non indossa le gonne. Dice che non ___ stanno bene.
3. Signora, _____ piacciono questi pantaloni?
4. Giovanni preferisce i pantaloni sportivi, _____ piacciono soprattutto i jeans.
5. Senti, Giorgio, _____ piace questa giacca?
6. Questi stivali _____ sembrano troppo sportivi. Non li compro.
7. Roberto e Giulio non mettono mai i jeans. _____ piace essere eleganti.
8. Mamma, come _____ sembra questo cappotto? _____ piace?

10 Combinazioni | Pronomi indiretti
Match questions and answers and fill in the blanks with the indirect pronouns.

1. Cosa ha detto Edoardo del maglione?
2. Hai chiamato Pia?
3. Hai visto il pullover rosso in vetrina?
4. Hai telefonato a Sandro?
5. Cosa hai detto a Paolo e Rosa ?
6. Perché Carlo non mette mai la cravatta?
7. Eva, ti piace questa gonna?
8. Cosa ha detto Franca dei pantaloni?
9. Perché non indossi mai i pantaloni?
10. Perché Carla non mette mai le gonne?

a. Perché _____ piace vestire in modo sportivo.
b. Sì, ma il colore ______ sembra troppo acceso.
c. Perché non _____ stanno bene.
d. Che _____ piace molto!
e. No, devo telefonar_____ questo pomeriggio.
f. Mah, _____ sembrano troppo giovanili.
g. Mah, dice che non _____ stanno bene.
h. Che ______ telefono domani.
i. No, non _____ piace molto.
l. Certo, _____ ho parlato due giorni fa!

11 Riscrittura | Pronomi diretti e indiretti
*Rewrite the following text replacing the repetitions (in **bold**) with the direct or indirect object pronouns.*

Giuseppe ha 28 anni. La sua ragazza, Anna, chiama **Giuseppe** "l'eterno figlio", perché **a Giuseppe** piace molto la vita comoda, e la mamma cucina **a Giuseppe**, fa la spesa **a Giuseppe**, lava i vestiti **a Giuseppe** e pulisce la casa a **Giuseppe**. Anna vuole **Giuseppe** più indipendente. Giuseppe ama **Anna** e ha chiesto **ad Anna** di vivere insieme, ma lei non vuole accettare, perché la sua immaturità preoccupa **Anna**. Anna e Giuseppe hanno bisogno di una mano, come possiamo aiutare **Anna e Giuseppe**? Che consigli possiamo dare **ad Anna e Giuseppe**?

11

12 Riscrittura

Rewrite the following text using the third singular person.

Dodici ragazze cinesi saranno in Italia per cercare di realizzare il sogno di diventare top model. Avranno un *personal shopper* che gli spiegherà le basi dello stile e della moda italiani e un *trainer* che le preparerà a sfilare. Ma non dovranno imparare solo a vestirsi e a camminare con grazia: le porteranno anche in giro per le città italiane per mostrargli i monumenti e le opere d'arte, le metteranno alla guida di una Ferrari, gli insegneranno perfino a fare la pasta fatta in casa e ad apprezzare i prodotti tipici italiani.

Una ragazza cinese sarà in Italia per cercare di realizzare il sogno di diventare top model...

13 Condizionale presente

Complete the conversation with the correct form of the ***condizionale presente*** *of the verbs in brackets.*

■ Buongiorno.
▼ Buongiorno, signore, mi dica.
■ (*Volere*) ______________ vedere quei pantaloni blu in vetrina.
▼ Certamente, che taglia?
■La 48.
▼ Ah, mi dispiace, la 48 in blu è esaurita. (*Volere*) ______________ vederli in altri colori?
■ Li (*avere*) ______________ in beige?
▼ Dunque... Sì, in beige sì, e poi in nero, verde e bordeaux... Ecco quelli beige.
■ Mm...Mi sembrano troppo chiari. Mi (*mostrare*) ______________ quelli verdi allora?
▼ Sì, certo. Eccoli, è proprio un bel tono di verde.
■ Sì, ha proprio ragione. Dove (*potere*) ______________ provarli?
▼ Il camerino è lì, guardi.
[...]
▼ Come Le stanno?
■ Eh, sono un po' larghi. (*Esserci*) ______________ la taglia 46?
▼ Sì. Gliela porto subito.

14 Condizionale presente

Complete the sentences with the correct form of the ***condizionale presente*** *of the verbs in brackets*

1 Lina, mi *(passare)* ______________ quella maglia, per favore?
2 Signorina, *(io - potere)* ______________ provare questi sandali neri?
3 Scusi, mi *(dire)* ______________ quanto costa questa giacca?
4 *(Io - volere)* ______________ vedere quelle scarpe in vetrina, per favore.
5 Papà, *(avere)* ______________ un altro ombrello da darmi?
6 Questa maglietta *(esserci)* ______________ in rosso?
7 Scusi, mi *(portare)* ______________ una taglia 46?
8 Scusi, dove (*io - potere*) ______________ provare questi pantaloni?

15 Aggettivi dimostrativi

*Complete the sentences with **quel, quello, quella, quell', quei, quegli, quelle.***

1. Mi piace ______ pullover.
2. ______ pantaloni sono troppo cari.
3. Ti piace ______ giacca?
4. Quanto costano ______ scarpe?
5. Che ne dici di ______ stivali?
6. Vorrei provare ______ impermeabile.
7. Le piacciono ______ mocassini?
8. ______ sciarpa non mi piace proprio.

16 *Quello* pronome e aggettivo dimostrativo

*Complete with the suitable form of **quello**.*

■ Che ne dici di ____________ mocassini?
▼ Quali? ____________ neri?
■ No, no, più a destra, ____________ di pelle marrone da 98 €.
▼ Sì, sono bellissimi, ma costano troppo!
■ E allora che ne dici di ____________ scarpe nere?
▼ ____________ da 63 €?
■ Sì, proprio ____________. Sono meno care e mi sembrano pure comode.
▼ Mah, veramente non mi piacciono. Preferisco delle scarpe più sportive.
■ E allora puoi prendere ____________ stivali…
▼ Mah… Non so…

17 Pronuncia

52

Listen to the following words and mark whether you hear c, cc, g or gg.

	1	2	3	4	5	6	7	8	9	10	11	12	13	14	15
c	☐	☐	☐	☐	☐	☐	☐	☐	☐	☐	☐	☐	☐	☐	☐
cc	☐	☐	☐	☐	☐	☐	☐	☐	☐	☐	☐	☐	☐	☐	☐
g	☐	☐	☐	☐	☐	☐	☐	☐	☐	☐	☐	☐	☐	☐	☐
gg	☐	☐	☐	☐	☐	☐	☐	☐	☐	☐	☐	☐	☐	☐	☐

test 3

TOTALE ___ /100

1 Riscrittura

___ /21

Rewrite the text changing it from first person singular to third person singular.

Sono Gloria, abito a Roma. La mattina mi sveglio alle 7, faccio colazione, mi vesto ed esco verso le 8. Vado a lavorare in bicicletta. Comincio a lavorare alle 8:30 e finisco alle 4:30. Il lavoro è interessante ma mi stanco molto, così la sera quando torno a casa mi riposo, leggo o guardo la televisione. Durante il fine settimana voglio divertirmi, sto con gli amici e spesso vado al cinema o a teatro. È Gloria...

2 Aggettivi possessivi

___ /19

Complete the following text with the possessive adjectives and, when necessary, add definite articles. The definite article and the possessive are each worth a point.

Abito in Sicilia, a Palermo, da sei anni. Sono venuto qui per ________________ lavoro. Mi occupo di ricerca scientifica all'università, ________________ specializzazione è neurochirurgia. All'università ho conosciuto Rosa, ________________ moglie. Rosa è nata a Palermo e ha passato tutta ________________vita in questa bellissima città. Rosa ed io abbiamo due figli, ________________ bambini si chiamano Laura e Franco. Abbiamo comprato una grande casa al centro di Palermo. È una casa antica con molte camere da letto ed è perfetta per ospitare le sorelle di Rosa: ________________ due sorelle vivono in Germania e vengono spesso in Italia.
Anche io ho dei parenti che non vivono in Sicilia: ________________ genitori abitano a Venezia. ________________ padre insegna matematica in una scuola e ________________ madre fa la casalinga. Io sono ___________ unico figlio, ma non li vedo quasi mai. Con questa nuova casa speriamo di ospitare più frequentemente ___________ parenti che vivono lontano e di passare più tempo insieme.

3 Pronomi diretti e particella *ne*

___ /8

*Complete the conversation with the direct pronouns and with **ne**.*

■ Buongiorno, Signora Carli.
▼ Buongiorno, Mario, vorrei delle pere.
■ Sì, _____ preferisce verdi o gialle?
▼ Gialle, grazie, _____ vorrei un chilo. Oggi vorrei fare una torta.
■ Che bella idea. E come _____ prepara?
▼ Con le pere e il cioccolato... Ha del cioccolato?
■ Sì, naturalmente! Come _____ vuole, dolce o amaro?
▼ Dolce, grazie. _____ vorrei 150 grammi.
■ Senta, ho una scatola di cioccolato da 200 grammi. Va bene?
▼ Va bene, _____ prendo.
■ Signora Carli, _____ posso offrire queste fragole? Sono dolcissime e sono perfette per la sua torta.
▼ Oh Mario, come è gentile! _____ prendo volentieri.

4 Passato prossimo dei verbi riflessivi

__ /18

Complete the sentences conjugating the verbs in brackets in the ***passato prossimo.***

1 Roberta (*trasferirsi*) ________________ in un appartamento in centro.
2 Io (*svegliarsi*) ______________ tardi.
3 Mio fratello (*laurearsi*) _______________ in ingegneria il mese scorso.
4 Lucio e Franca (*sposarsi*) _____________ a Parigi.
5 Carlo e io (*incontrarsi*) ______________ a teatro, ieri sera.
6 (*Voi - divertirsi*) _________________ allo stadio domenica?

5 Futuro

__ /10

Complete the sentences conjugating the verbs in brackets in the ***futuro semplice.***

1 Quando (*noi - finire*) _____________ di studiare, (*noi - fare*) ____________ un lungo viaggio.
2 Per preparare questo esame Carlo e Maria (*dovere*) _____________ studiare molto.
3 Quando (*voi - venire*) ____________ a trovarmi in campagna?
4 Il prossimo anno Giulia (*andare*) _______________ a lavorare in Spagna.
5 Quando (*io - avere*) ____________ molti soldi, (*comprare*) ____________ una grande casa al mare.
6 L'anno prossimo (*lui - finire*) ____________ l'università e (*dovere*) ___________ trovare un lavoro.
7 Questo fine settimana (*loro - uscire*) ____________ con i loro amici.

3

6 Pronomi diretti e indiretti

__ /16

Rewrite the following text replacing the highlighted names with direct or indirect pronouns. The position and the form of a pronoun, when appropriate, are each worth a point.

Marta e Franco sono fratello e sorella, sono adulti, vivono da soli, ma sono ancora molto dipendenti dai genitori. I loro amici chiamano **Marta e Franco** "gli eterni figli", perché **a Marta e Franco** piace molto la vita comoda. Marta non ama cucinare: la mamma fa la spesa **a Marta** e prepara **a Marta** il pranzo e la cena. Franco è molto disordinato e la mamma lava i vestiti **a Franco** e aiuta **Franco** a tenere in ordine la casa. La loro mamma considera **Marta e Franco** immaturi, ma in realtà non vuole aiutare **Marta e Franco** a essere più indipendenti, perché passa più tempo a casa loro che a casa sua.

7 Condizionale presente

__ /8

Complete the sentences conjugating the verbs in brackets in the ***condizionale presente.***

1 Scusi, (*io - potere*) ____________ provare quel maglione?
2 Queste scarpe sono un po' piccole, (*esserci*) _____________ un numero più grande?
3 Signorina, mi (*dire*) _______________ il prezzo di quella maglietta?
4 Gianni, (*tu - potere*) ______________ passarmi la giacca?
5 Questi pantaloni sono corti. (*Io - potere*) ______________ provare una taglia più grande?
6 Buonasera, mia figlia (*volere*) ______________ provare quei sandali rossi.
7 Signorina, mi (*fare*) _______________ provare un altro paio di scarpe?
8 Che cosa (*tu - volere*) _______________ per regalo di compleanno?

noi e gli animali

1 Lessico

Complete the crossword puzzle. When you have finished, you will find the name of an animal that you already know in the grey boxes.

2 Riscrittura | Imperfetto

Rewrite the text changing the verbs from singular to plural. Remember that in some cases you must change other elements, too (articles, for example).

Protagonista dell'esperimento era uno scimpanzé che si chiamava Nim.
Nim è cresciuto con una famiglia umana in un appartamento. La nuova famiglia trattava lo scimpanzé come un figlio: indossava vestiti umani, mangiava a tavola, giocava con gli altri bambini e tutti i membri della famiglia comunicavano con lui con il linguaggio dei segni.
I progressi di Nim erano sorprendenti: poteva usare oltre 120 segni dell'alfabeto dei sordi. Comunicava con i maestri in maniera incredibile e riusciva addirittura a mentire.

Protagonisti dell'esperimento erano due scimpanzé che si chiamavano Nim e Chimpsky...

3 Imperfetto

*Complete the texts below conjugating the verbs in brackets in the **imperfetto**.*

1 Quando ero bambino (*vivere*) ______________ in campagna, in una fattoria con molti animali. (*Io - passare*) ______________ molto tempo all'aria aperta. Io e i miei amici (*giocare*) ____________ a calcio o a pallacanestro e (*divertirsi*) ______________ moltissimo. (*Io - avere*) ______________ anche un cavallo, che (*chiamarsi*) ______________ Fulmine: (*lui - essere*) ______________ velocissimo!

2 Clara invece (*abitare*) ______________ in città con la sua famiglia e il pomeriggio (*giocare*) ____________ quasi sempre a casa. (*Lei - amare*) ______________ molto gli animali, soprattutto i gatti, ma i suoi genitori non (*volere*) ____________ un animale perché per loro l'appartamento (*essere*) ________________ troppo piccolo. In estate però (*lei - andare*) ____________ dai nonni che (*vivere*) ________________ in campagna e (*avere*) ____________ tanti animali.

4 Imperfetto

*Complete the texts conjugating the verbs in brackets in the **imperfetto**.*

1 Teresa, tu dove (*andare*) __________ in vacanza da bambina?

2 Come (*chiamarsi*) ______________ il cane che (*tu - avere*) ____________ da piccola?

3 Serena, ti ricordi quando (*noi - essere*) ____________ piccole? (*Noi- giocare*) ___________ sempre insieme.

4 Dove (*abitare*) ______________ i tuoi nonni?

5 Che strano, da piccola i dolci non mi (*piacere*) ____________, e adesso invece!

6 Voi (*vivere*) ______________ in campagna, vero?

7 Da bambino (*io - leggere*) ________________ moltissimi libri e (*guardare*) ____________ poco la TV.

8 Quando Marco (*avere*) ______________ 10 anni, (*sapere*) ______________ suonare molto bene il pianoforte.

12

5 Imperfetto

*How was Alfredo's life before? Make some sentences in the **imperfetto** with the words below, as in the example.*

mangiare a casa | lettere | in campeggio | ~~con altre persone~~ | capelli lunghi | la bicicletta | in treno | musica rock

1. Oggi vivo da solo in una casa grandissima. Prima vivevo con altre tre persone.
2. Oggi scrivo solo e-mail. Prima ______
3. Adesso mangio spesso al ristorante. ______
4. Oggi vado solo in albergo. ______
5. Adesso prendo sempre la macchina. ______
6. Adesso ascolto solo musica jazz. ______
7. Ora viaggio solo in aereo. ______

6 Passato prossimo e imperfetto

*Underline in the text the verbs in the **passato prossimo** and **imperfetto** and insert them in the correct column.*

12

Un cambiamento

Da piccolo ero un bambino molto chiuso. Odiavo la scuola, non mi piaceva fare sport e avevo pochissimi amici. Stavo spesso a casa, guardavo la TV o leggevo i fumetti. Naturalmente spesso mi annoiavo e quindi mangiavo moltissimi dolci. Qualche volta venivano degli amici dei miei genitori con i loro figli. Allora giocavo con gli altri bambini, ma non mi divertivo molto. A 16 anni poi ho incontrato una ragazza, Francesca, e mi sono innamorato per la prima volta. Così ho cominciato ad andare volentieri a scuola, a uscire con gli altri ragazzi e ad andare alle feste. Ho cominciato a fare sport e ho imparato anche a giocare a tennis.

descrizioni/abitudini	azioni successe una volta sola/ in un tempo determinato

7 Passato prossimo e imperfetto

Match the sentences on the left with those on the right and conjugate verbs in brackets in the ***passato prossimo****, as in the example.*

1. Carla andava sempre in vacanza con i genitori.
2. Ero molto brava a scuola.
3. Il Natale andavamo sempre a casa dei nonni.
4. Rosa andava a ballare ogni sabato,
5. Mio padre era sempre molto puntuale.
6. Normalmente non avevi voglia di leggere,
7. D'estate di solito prendevamo in affitto un appartamento.

a. Solo una volta (*prendere*) ho preso un brutto voto.
b. Solo una volta (*arrivare*) ____________ tardi.
c. Una volta (*partire*) ____________ con un gruppo di ragazzi.
d. ma una volta (*andare*) ____________ in biblioteca.
e. Una volta però (*venire*) ____________ loro da noi.
f. Una volta (*andare*) ____________ in campeggio.
g. ma da quando (*conoscere*) ____________ Aldo passa tutti i fine settimana a casa.

8 Passato prossimo e imperfetto

Complete the sentences conjugating the verbs in brackets in the ***imperfetto*** *or the* ***passato prossimo****.*

1. Da piccolo (*io - vivere*) ____________ in campagna, poi a 15 anni (*trasferirsi*) ____________ in città.
2. Lisa (*nascere*) ____________ a Firenze, ma (*vivere*) ____________ per molti anni a Bologna.
3. Mia nonna (*fare*) ____________ sempre la pasta in casa.
4. Prima non mi (*piacere*) ____________ ballare, poi un anno fa (*fare*) ____________ un corso di tango e così ora vado quasi tutti i fine settimana a ballare.
5. Normalmente a casa (*cucinare*) ____________ la mamma. Solo una volta (*cucinare*) ____________ mio padre, (*lui - fare*) ____________ la pizza. Purtroppo (*essere*) ____________ così cattiva che alla fine (*noi - andare*) ____________ tutti in pizzeria.
6. Marco (*abitare*) ____________ per quattro anni a Palermo.
7. Carla (*andare*) ____________ via da Napoli quando (*avere*) ____________ due anni, quindi non ricorda quasi niente della città.
8. Prima (*io - studiare*) ____________ matematica, poi (*cambiare*) ____________ idea e adesso studio francese.

9 Passato prossimo o imperfetto

Read the following e-mail and underline the correct form of the verb.

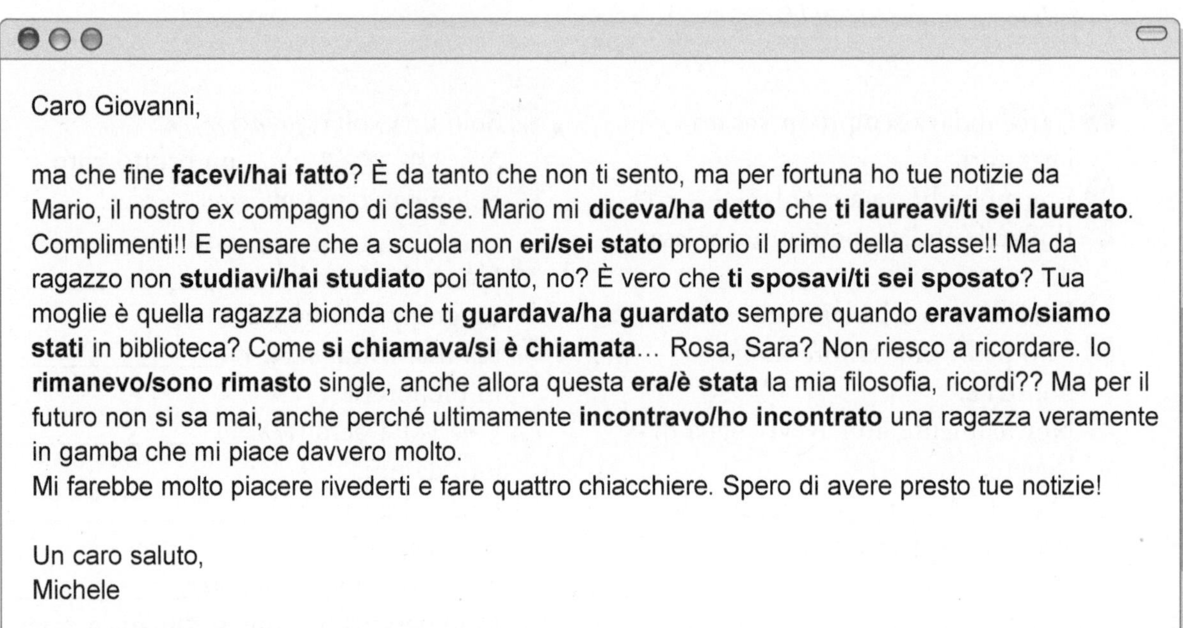

Caro Giovanni,

ma che fine **facevi/hai fatto**? È da tanto che non ti sento, ma per fortuna ho tue notizie da Mario, il nostro ex compagno di classe. Mario mi **diceva/ha detto** che **ti laureavi/ti sei laureato**. Complimenti!! E pensare che a scuola non **eri/sei stato** proprio il primo della classe!! Ma da ragazzo non **studiavi/hai studiato** poi tanto, no? È vero che **ti sposavi/ti sei sposato**? Tua moglie è quella ragazza bionda che ti **guardava/ha guardato** sempre quando **eravamo/siamo stati** in biblioteca? Come **si chiamava/si è chiamata**... Rosa, Sara? Non riesco a ricordare. Io **rimanevo/sono rimasto** single, anche allora questa **era/è stata** la mia filosofia, ricordi?? Ma per il futuro non si sa mai, anche perché ultimamente **incontravo/ho incontrato** una ragazza veramente in gamba che mi piace davvero molto.
Mi farebbe molto piacere rivederti e fare quattro chiacchiere. Spero di avere presto tue notizie!

Un caro saluto,
Michele

12

10 Passato prossimo e imperfetto

Complete the following text conjugating the verbs in brackets in the ***imperfetto*** *or the* ***passato prossimo****.*

Mi chiamo Francesco. (*Io - nascere*) _________________ a Catania il 16 Giugno 1985. A 13 anni (*io - trasferirsi*) _________________ con la mia famiglia a Firenze per il lavoro di mio padre. Mio padre (*lavorare*) _________________ in una banca e nel 1998 (*avere*) _________________ l'opportunità di diventare il direttore di una agenzia a Firenze, e così (*cambiare*) _________________ città .
Cambiare città non è stato facile, io poi (*essere*) _________________ molto timido, e non (*avere*) _________________ amici. (*Io - passare*) _________________ molto tempo da solo a leggere, ma la mia vera passione (*essere*) _________________ scrivere. Il mio sogno (*essere*) _________________ diventare uno scrittore. La mia fortuna (*essere*) _________________ quella di incontrare un professore di letteratura, al liceo, che mi (*incoraggiare*) _________________ molto e mi (*dare*) _________________ fiducia nelle mie capacità. E così mentre (*io - andare*) _________________ a scuola, (*frequentare*) _________________ anche un corso serale di scrittura.
A 18 anni (*io - mandare*) _________________ un mio racconto a un concorso letterario e... (*vincere*) _________________ il primo premio!! Così (*io - decidere*) _________________ di parlare con i miei genitori e di comunicargli la mia decisione.
Ricordo che (*io - essere*) _________________ molto nervoso e che mentre (*io - parlare*) _________________, mio padre mi (*interrompere*) _________________ e mi (*dire*) _________________ "Non dirmi che vuoi fare lo scrittore!".

11 Pronomi diretti e passato prossimo

Complete the sentences with the direct pronouns and adding the final vowel of past participles.

1 Ieri ho incontrato Marcello e ____ ho invitat__ a cena da noi sabato sera.
2 Non trovo i miei occhiali. ____ hai mess__ da qualche parte, per caso?
3 ■ Prima di andare a Firenze dobbiamo chiedere la guida della città a tua madre.
▼ Non è necessario, ______ ho pres__ io a casa sua ieri.
4 È un film bellissimo, pensa che io e Paolo ____ abbiamo vist__ tre volte!
5 ■ Hai chiamato Federica?
▼ No, non ____ ho ancora chiamat__, ma lo faccio subito.
6 Che belle scarpe! Quanto ___ hai pagat__?

12 Pronomi diretti e passato prossimo

Match questions and answers, then complete the answers with the direct pronouns and the correct ending of past participles, as in the example.

1 Hai fissato l'appuntamento dal medico? → e
2 Avete comprato i biglietti del concerto?
3 Giulio ha fatto la spesa?
4 Hai incontrato le tue amiche?
5 Avete prenotato il tavolo al ristorante?
6 Avete letto i libri?
7 Hai studiato l'imperfetto?

a Sì, ___ abbiamo pres___ on line.
b No, non ___ abbiamo lett___.
c Sì, ma non ___ ho capit___ bene.
d No, non ___ ho incontrat___.
e Certo, _l'_ho chiamat_o_ stamattina.
f Sì, ___ ha fatt___ stamattina.
g ___ ha prenotat___ Franca ieri.

13 Riscrittura e scrittura

Rewrite the following text using past tenses, then write a personal end for your story.

Cammino per Piazza Risorgimento, è notte e la piazza è vuota e tranquilla. L'aria della sera è dolce e soffia un vento caldo e leggero. Improvvisamente sento un forte rumore alle mie spalle, mi volto e vedo una scena impossibile da dimenticare…

Camminavo per Piazza Risorgimento…

12

non è bello ciò che è bello...

1 Lessico

Complete the following descriptions. The highlighted grey boxes will give the continuation of the title of this lesson.

1 Hai ca _ _ _ _ _ li _ _ _.
2 Porta _ _ _ _ _ _ _ _ _ _ _ _ _.
3 Ha i c _ _ _ _ _ _ l _ _ _ _ _ _ _.
4 Ha i c _ _ _ _ _ _ r _ _ _ _.
5 Ha _ _ _ _ _ _ _.
6 È _ _ _ _ _ _.
7 Ha i c _ _ _ _ _ _ co _ _ _.

Soluzione: non è bello ciò che è bello, è bello _ _ _ _ _ _ _ _ _ _ _.

2 Lessico

Complete the sentences with the adjectives in the list. Remember to change adjective endings appropriately.

brutto | magro | noioso | riccio | simpatica | timido

13

1 A me Barbara non sembra affatto socievole, anzi, secondo me è una persona ____________ .
2 Davvero trovi Franco divertente? A me sembra così ________________ !
3 A te Paola è antipatica? Mah, io invece la trovo __________________ .
4 Secondo te Marco è grasso? Ma dai! È così __________________ !
5 Per me Valeria non è affatto carina, anzi è proprio ________________ .
6 Guarda che ti sbagli, Laura non ha i capelli lisci, li ha ________________ .

3 Passato prossimo

*Complete the sentences with the appropriate auxiliary (**avere** or **essere**) and with the final vowel of the past participle.*

1 Il concerto ________ finit___ molto tardi ieri.
2 Tommaso, ________ già cominciat___ il nuovo lavoro?
3 Stefano, ________ finit___ già di fare i compiti?
4 Ieri sera (*io*) ________ finit___ di leggere il primo libro di Harry Potter e stamattina ________ già cominciat___ a leggere il secondo.
5 Peccato, le vacanze ________ già finit___!
6 Dai, sbrigati, il film non ________ ancora cominciat___!
7 Incredibile! (*Lui*)_______ cominciat___ a mettere in ordine la cucina ieri e non _______ ancora finit___!
8 I corsi ________ cominciat___ a settembre.

4 Passato prossimo

Complete the following text conjugating the verbs in brackets in the ***passato prossimo.***

Ieri Michela *(andare)* ________________ a teatro, *(arrivare)* ________________ tardi perché *(aspettare)* ________________ l'autobus per 40 minuti. Lo spettacolo *(cominciare)* ________________ nel momento in cui lei *(entrare)* ________________ nel teatro, così non *(lei - potere)* ________________ raggiungere la sua amica al posto prenotato. Allora *(lei - sedersi)* ________________ al primo posto libero che *(lei - trovare)* ________________. Poco dopo *(arrivare)* ________________ un ragazzo, anche lui in ritardo, e *(sedersi)* ________________ accanto a lei. All'intervallo lui le *(chiedere)* ________________ se lo spettacolo le piaceva. Lei l'ha guardato bene e *(vedere)* ________________ che era molto carino. *(Lei- rispondere)* ________________ di sì, che lo spettacolo era bello. *(Loro - cominciare)* ________________ a chiacchierare e Michela *(dimenticare)* ________________ la sua amica che l'aspettava. Lei e il ragazzo *(andare)* ________________ al bar del teatro insieme e *(bere)* ________________ un bicchiere di vino. Quando l'intervallo *(finire)* ________________, hanno lasciato il bar per tornare ai loro posti, e in quel momento Michela *(sentire)* ________________ qualcuno che la chiamava. *(Lei - girarsi)* ________________ e *(vedere)* ________________ la sua amica, arrabbiatissima.

13

5 Aggettivi

Complete the two texts with the following adjectives with the correct endings. They are not in order.

avaro	debole	forte	generoso	ottimista	pessimista	socievole	timido

1 Sono andato a una festa e lì ho conosciuto una ragazza che mi è piaciuta molto. Parlava con tutti. Era così ______________! Aveva grandi progetti e mi ha detto essere molto ______________ per il suo futuro. È anche ______________: mi ha offerto subito un cocktail. Inoltre ha un carattere ______________: sa quello che vuole. È proprio la ragazza che vorrei avere!

2 Sono andato a una festa e lì ho conosciuto una ragazza che non mi è piaciuta per niente. Non parlava con nessuno. Era così ______________! Non aveva progetti e mi ha detto di essere molto ______________ per il suo domani. È anche ______________: io le ho offerto tre volte da bere, ma lei niente... Inoltre ha un carattere ______________ e non sa quello che vuole. È proprio la ragazza che non vorrei mai avere!

6 Superlativo assoluto

Write the two superlative forms of the adjectives, as in the example.

1. Luisa è allegra. → Luisa è molto allegra. Luisa è allegrissima.
2. Rocco è sensibile. → Rocco è ________________. Rocco è ________________
3. Anna e Sonia sono belle. → Anna e Sonia sono ________________. Anna e Sonia sono ________________
4. I suoi amici sono seri. → I suoi amici sono ________________. I suoi amici sono ________________
5. Teresa è gentile. → Teresa è ________________. Teresa è ________________
6. Gli studenti sono intelligenti. → Gli studenti sono ________________. Gli studenti sono ________________
7. Le mie insegnanti sono esigenti. → Le mie insegnanti sono ________________. Le mie insegnanti sono ________________
8. Suo marito è timido. → Suo marito è ________________. Suo marito è ________________
9. La tua ragazza è spiritosa. → La tua ragazza è ________________. La tua ragazza è ________________

13

7 Superlativo assoluto

Rewrite the following texts turning the adjectives into superlatives.

1. Anita legge sempre il giornale, è informata e curiosa. Vive da sola e ha un lavoro interessante.

____
____
____
____

2. Marta e Luisa sono amiche, scrivono per una rivista di moda, sono eleganti e appassionate del loro lavoro.

____
____
____
____

3. Ernesto è sportivo e va sempre a lavorare in bicicletta. Ha molti amici, è socievole e divertente.

____
____
____
____

4. Aldo e Giacomo sono fratelli, non lavorano, sono in pensione. Sono simpatici, ma pigri, passano molto tempo a giocare a carte.

____
____
____
____

8 Lessico

Complete the conversation below with the expressions in the list.

perfetto | Perché | volentieri | che programmi | vedere | sera | tempo | impegni | Hai voglia di

▼ Pronto?
■ Pronto, Stefania,? Ciao, sono Marisa.
▼ Ah, ciao Marisa!
■ Senti, ____________ hai per venerdì __________?
▼ Hmmm, per ora non ho ____________. ____________?
■ ______________ venire all'Opera con me?
▼ Sì, ______________ , è da tantissimo ____________ che non ci vado.
E senti, cosa andiamo a ______________?
■ Il Rigoletto.
▼ Ah, ______________!

9 Lessico

Who is talking to whom?

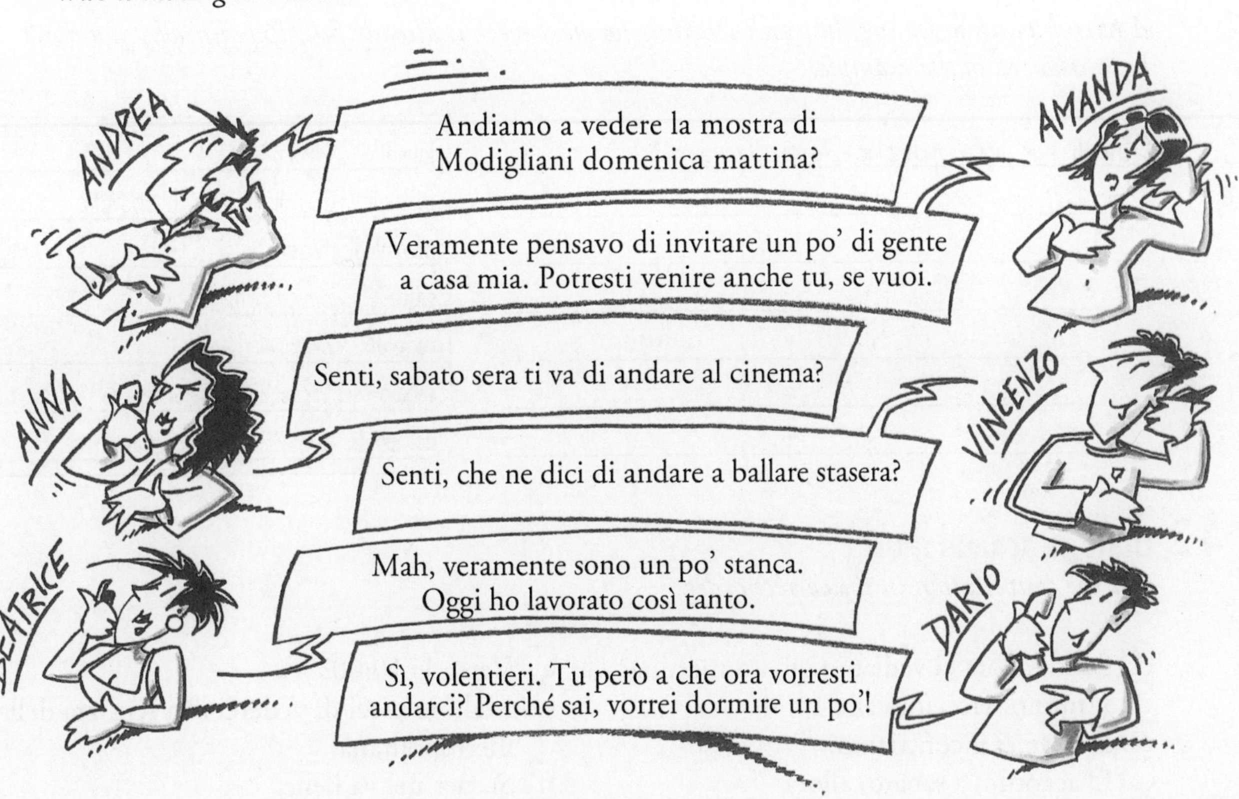

10 Lessico

Choose the correct response. Please note that in some cases both responses are correct.

1 Che ne dici di fare shopping?
- a ☐ Mi dispiace, sono al verde.
- b ☐ Perché invece non andiamo al museo?

2 Hai voglia di andare al cinema?
- a ☐ Sì, ho proprio voglia di andare all'aria aperta!
- b ☐ Oh, sì, c'è un film di Sorrentino!

3 Andiamo a correre nel parco?
- a ☐ Veramente avrei un impegno.
- b ☐ Volentieri, ho qualche chilo di troppo.

4 Dai, perché non mi accompagni in piscina?
- a ☐ Oddio, con questo tempo?!
- b ☐ Oddio, ma il lago è lontano!!

5 Ti va di chiamare Carlo?
- a ☐ Come no?
- b ☐ Certo, ma non subito!

6 Sei d'accordo se invitiamo Ida?
- a ☐ No, dai, non la sopporto!
- b ☐ Buona idea, è simpatica!

13

11 Scrittura

A friend wants to see you, but your schedule for next week is already full. Explain why you don't have time, as in the example.

Lunedì non posso perché devo lavorare.
Martedì non posso ____________

lunedì	lavoro
martedì	accompagnare Catia alla stazione
mercoledì	teatro
giovedì	corso d'inglese
venerdì	cena di lavoro
sabato	festa di Riccardo
domenica	mostra di Modigliani

12 Dialogo scombinato

Put the conversation in the correct order.

- [1] Senti, allora ci vediamo sabato mattina?
- ☐ Hmmm, facciamo alle 10:30.
- [3] E dove ci incontriamo?
- ☐ D'accordo, a sabato, allora.
- ☐ Ma no, dai, facciamo direttamente davanti al negozio.
- ☐ Verso le 10:00?
- ☐ Mah, io direi di vederci alla fermata della metropolitana.
- ☐ Sì, per me va bene.
- ☐ Ok, d'accordo, e a che ora?

13 *Stare* + gerundio

Make sentences with ***stare*** *+ gerund.*

14 *Stare* + gerundio

Who is doing what? Complete as in the example.

1. La signora con la borsetta sta fumando.
2. Gli ultimi due ragazzi ________ ________ fra loro.
3. La signora con i capelli lunghi ________ ________ un tramezzino.
4. Il vecchietto ________ ________.
5. Il signore con gli occhiali ________ ________ il giornale.
6. Il signore alla cassa ________ ________ i biglietti.
7. Il tipo con i baffi ________ ________.
8. La donna e il suo bambino ________ ________ un gelato.
9. Il primo signore della fila ________ ________ al telefono.
10. Tutti ________ ________ la fila.

casa dolce casa

1 Lessico

These people are looking for an apartment in Rome. Which advertisement would you recommend to them?

a Paola (42) e Carlo (48) hanno due bambini piccoli e un cane. Cercano una casa grande, tranquilla, con una camera per ognuno dei bambini e due bagni.

b Francesca, (26), studentessa, cerca un piccolo appartamento. Non ha la macchina e non ha molti mobili.

c Luca (58) e Stefania (53) cercano una casa non molto grande, ma centrale. Meglio se in un palazzo antico.

d Michele (30) e Giovanna (28) cercano un piccolo appartamento in centro. Per Giovanna è importantissimo avere un balcone e per Michele è importante avere una cucina grande.

1 **CENTRO STORICO,** affittasi appartamento di tre camere (82 mq circa) in antico palazzo del '700. Bagno e cucina da ristrutturare. Per maggiori informazioni: Tel. 345/ 369476

2 **CASALPALOCCO,** affittasi villetta con due camere da letto, salone, bagno e grande cucina. Per maggiori informazioni chiamare il numero 347/6782444

3 **ZONA SAN LORENZO (CITTÀ UNIVERSITARIA)** affittasi appartamento di due camere, bagno e cucinino (40 mq circa). Per maggiori informazioni chiamare il numero 06/27 14 3709

4 **MONTE MARIO,** appartamento in zona tranquilla, 4 camere, due bagni, cucina, grande terrazza, garage e cantina. Per maggiori informazioni telefonare al numero 06/59 46 323

5 **SAN GIOVANNI,** appartamento di tre camere (71 mq circa) bagno, ampia cucina e balcone. Per maggiori informazioni: 06/70 13 875

6 **PRENESTINO,** (a 20 minuti dall'università) monolocale arredato, bagno e cucina abitabile. Per informazioni rivolgersi a: agenzia immobiliare Tecnocasa tel.06/7643987

7 **CENTRO,** appartamento ristrutturato, due camere, bagno e piccola cucina. Per maggiori informazioni: 333/2189010

2 Lessico

Complete the crossword puzzle. When you have finished you will find the Italian word for "fan".

3 Numerali ordinali

Complete the table below with the ordinal numbers in the list.

ottavo · decimo · primo · nono · sesto · settimo · quinto · secondo · quarto · terzo

1st ↓	2nd ↓	3rd ↓	4th ↓	5th ↓	6th ↓	7th ↓	8th ↓	9th ↓	10th ↓

4 Numerali ordinali

Write the equivalent ordinal numbers in Italian, as in the example.

11th : undicesimo
14th : ______
17th: ______
23rd : ______
26th : ______
29th : ______
31st : ______
42th : ______
65th : ______

5 Dialogo scombinato

Put the following conversation in order, as in the example. Sentences in the left column already are in the correct order.

1 Allora, che impressione avete della nuova casa? [b]
2 E tua moglie è contenta? ☐
3 Perché? ☐
4 Vivere in centro, in un condominio, è un bel cambiamento, eh, con i problemi del traffico, del parcheggio… ☐
5 D'accordo, ma guarda che ci sono anche dei quartieri di periferia dove si trova tutto, pure le scuole. ☐
6 Sì, però è anche vero che d'estate non puoi dormire con le finestre aperte! ☐
7 Insomma, siete contenti… ☐

a Be', sai, lei in fondo ha sempre vissuto in periferia in una villetta tranquilla.
~~b~~ Buona, buonissima. Certo, non è ancora in ordine, però insomma… piano piano…
c In effetti può essere un problema. Noi però siamo fortunati perché l'appartamento è all'ultimo piano. Le camere da letto poi non danno sulla strada.
d Sì, però dai, vivere in centro ha anche i suoi vantaggi. Hai tutto vicino, negozi, servizi…
e Della casa? Sì, però non è ancora molto convinta della zona.
f Sì, certo, però pensa anche alla vita notturna. Qui in centro c'è vita, là invece…
g Sì, ripeto, molto. Io anzi moltissimo.

6 Comparativi

Read the following descriptions, then complete the comparisons below.

ATTICO	APPARTAMENTO	VILLETTA	MONOLOCALE
Anno di costruzione: 1975	Anno di costruzione: 1975	Anno di costruzione: 2013	Anno di costruzione: 1982
Metri quadri: 90	Metri quadri: 120	Metri quadri: 120	Metri quadri: 40
Distanza dal centro: 10 km	Distanza dal centro: 5 km	Distanza dal centro: 30 km	Distanza dal centro: 10 km
Prezzo: 600.000 euro	**Prezzo: 600.000 euro**	**Prezzo: 350.000 euro**	**Prezzo: 150.000 euro**

1. L'appartamento è _______ caro _______ monolocale.
2. Il monolocale è _______ piccolo _______ attico.
3. La villetta è grande _______ l'appartamento.
4. L'attico è _______ grande _______ appartamento.
5. Il monolocale è _______ economico _______ villetta.
6. La villetta è _______ lontana dal centro _______ monolocale.
7. L'attico è vecchio _______ l'appartamento.
8. L'appartamento è _______ lontano dal centro _______ villetta.
9. La villetta è _______ nuova _______ attico.
10. L'attico è _______ vicino al centro _______ appartamento.
11. L'appartamento è caro _______ l'attico
12. Il monolocale è lontano dal centro _______ l'attico.

14

7 Comparativi

Compare the two elements as in the example. Remember to change the adjective endings.

Esempio:
Camera da pranzo/soggiorno - luminoso (+) La camera da pranzo è più luminosa del soggiorno.

1. Camera da letto/studio - spazioso (-)
____
2. La cucina nuova/quella vecchia - colorato (+)
____
3. Lavatrice/lavastoviglie - silenzioso (=)
____
4. Questo quartiere/il quartiere dove abitavo prima - vivace (+)
____
5. L'armadio/la scrivania - antico (=)
____
6. Il mio appartamento/quello di Sara - elegante (-)
____
7. La nostra camera/la camera dei bambini - buio (+)
____
8. Questo bagno/l'altro - piccolo (=)
____

8 Condizionale presente

Complete the following sentences conjugating the verbs in brackets in the ***condizionale presente.***

1. (*Io - preferire*) ________________ una casa con il giardino.
2. Marco e Laura (*comprare*) ________________ un appartamento, ma non hanno abbastanza soldi.
3. A molte persone (*piacere*) ________________ una casa con la piscina.
4. Al piano di sotto (*noi - volere*) ________________ avere una palestra.
5. (*Essere*) ________________ bello avere un orto.
6. Con un orto (*tu - coltivare*) ________________ verdura e frutta fresche.
7. (*Voi - avere*) ________________ bisogno di una casa più grande.
8. (*Io - desiderare*) ________________ tanto un attico con una grande terrazza.
9. Con una casa più spaziosa (*noi - fare*) ________________ delle feste ogni tanto.
10. La mia casa ideale (*dovere*) ________________ avere una cucina enorme.

9 Condizionale presente

Complete the e-mail below with the correct form of the ***condizionale presente*** *of the verbs in the list. The verbs are not in the correct order.*

avere	costare	dovere	essere	piacere	venire	vivere	volere

Teresa,
mi spiace, ma domenica non possiamo venire a Napoli per la tua festa, ci ______________ molto, ma purtroppo questo fine settimana ci sono i miei suoceri ospiti a casa nostra. Dico purtroppo, ma in verità voglio molto bene ai genitori di Carlo, e sia io che Carlo ______________ vederli più spesso, ma casa nostra è così piccola, e avere gente che dorme nel soggiorno è un po' pesante. ______________ bello avere un appartamento più grande, magari un attico con una grande terrazza, con due camere da letto, così i miei suoceri ______________ una stanza tutta per loro quando vengono da Venezia. Certo, ______________ cambiare quartiere, perché un attico così grande nel centro di Roma ______________ una fortuna, ma ______________ molto meglio, e poi sono sicura che anche voi ______________ a Roma più spesso, con una stanza sempre a disposizione a casa nostra.
Mi dispiace molto di non essere lì per il tuo compleanno. Ci sentiamo domenica mattina.
Baci
Annamaria

14

10 Condizionale presente

*Complete the sentences conjugating the verbs in brackets in the **condizionale presente**.*

■ Io (*volere*) ________________ tanto vivere in campagna: (*dormire*) ________________ benissimo, (*rilassarsi*) ________________ e (*avere*) ________________ un orto. Mio marito invece (*odiare*) ________________ vivere in campagna, (*diventare*) ________________ pazzo. I miei figli però (*divertirsi*) ________________ a giocare fuori e (*respirare*) ________________ aria pura. Alla fine noi (*essere*) ________________ tutti meno stressati e (*fare*) ________________ una vita più sana.

▼ È vero, voi (*avere*) ________________ molti vantaggi vivendo in campagna. Però (*essere*) ________________ più isolati e (*passare*) ________________ molto tempo da soli. Tu poi (*dovere*) ________________ alzarti prestissimo la mattina per andare al lavoro e certamente non (*uscire*) ________________ tutte le sere, come fai adesso.

11 Il *ci* locativo

*Specify what **ci** refers to in the following sentences, as in the example.*

Esempio:
L'appartamento di Luca è molto bello, **ci** sei stato? **ci** = nell'appartamento

1. Non mi piace il quartiere dove vive Marta, io non **ci** abiterei. **ci** = ________________
2. Ho comprato una casa con il giardino, **ci** vado a vivere a settembre. **ci** = ________________
3. Ieri ho visto un attico bellissimo vicino a casa tua. Domani **ci** torno per fare qualche foto, vieni con me? **ci** = ________________
4. Hai visto le fotografie che hanno fatto a Capri? Sono bellissime, l'anno prossimo **ci** vado anch'io. **ci** = ________________
5. A casa hanno una grande terrazza, in estate **ci** mangiano tutte le sere. **ci** = ________________

12 Pronomi diretti e *ci* locativo

*Complete the sentences with the direct pronouns or with **ci**.*

1. ■ Hai visto il nuovo appartamento di Marco?
   ▼ No, non ____ ho ancora visto, ma ____ vado domani.
2. ■ Che cosa mettete in questa stanza?
   ▼ ____ mettiamo la camera dei bambini.
3. Hanno aperto una pizzeria qui vicino, ____ raccomandano tutti: ____ andiamo?
4. Sono stato negli Stati Uniti, ma ____ vorrei tornare perché non ____ conosco bene.
5. Sono delle belle case e ____ vendono a un buon prezzo, ma non ____ andrei mai a vivere, sono troppo isolate.
6. Conosco bene la città, ____ passavo sempre le vacanze da bambino. ____ adoro!

13 Condizionale presente, pronomi possessivi

Rewrite the sentences below following the example.

Esempio:
Dovresti ristrutturare il bagno.
a (*Potere*) Potresti ristrutturare il bagno.
b Io al posto tuo ristrutturerei il bagno.

1 Potrebbe pitturare le pareti di bianco.
a (*Dovere*) ______
b Io al posto ______

2 Giovanna e Matteo dovrebbero comprare casa invece di stare in affitto.
a (*Potere*) ______
b Io al posto ______

3 Potresti mettere delle piante sul balcone.
a (*Dovere*) ______
b Io al posto ______

4 Dovreste comprare un frigorifero nuovo.
a (*Potere*) ______
b Io al posto ______

14

14 Condizionale presente

*Complete the following conversations conjugating the verbs in brackets in the **condizionale presente**.*

1 ■ (*Io - avere*) ______ bisogno di un armadio, ma ho pochi soldi.
▼ Al posto tuo (*io - cercare*) ______ tra i mobili usati su eBay.

2 ■ A casa nostra fa troppo caldo in estate, secondo te che (*noi - potere*) ______ fare?
▼ (*Voi - dovere*) ______ installare l'aria condizionata.

3 ■ I vicini del mio ragazzo fanno feste tutte le sere!
▼ (*Lui - dovere*) ______ chiamare la polizia.

4 ■ Il mio coinquilino non pulisce mai il bagno. Al posto mio tu che (*fare*) ______?
▼ (*Io - trovare*) ______ un nuovo coinquilino!

5 ■ Mi (*piacere*) ______ abitare in una zona più tranquilla.
▼ (*Tu - potere*) ______ trasferirti in campagna.

6 ■ I miei amici (*volere*) ______ avere un animale in casa.
▼ (*Potere*) ______ prendere un gatto.

7 ■ Io e mia moglie (*volere*) ______ cambiare il colore delle pareti.
▼ (*Voi - dovere*) ______ scegliere un colore chiaro.

8 ■ (*Io - volere*) ______ comprare una casa ma non ho abbastanza soldi.
▼ (*Tu - potere*) ______ chiedere un prestito ai tuoi genitori.

vivere in Italia

1 Lessico

Form the expressions matching the verbs on the left with the words on the right, as in the example.

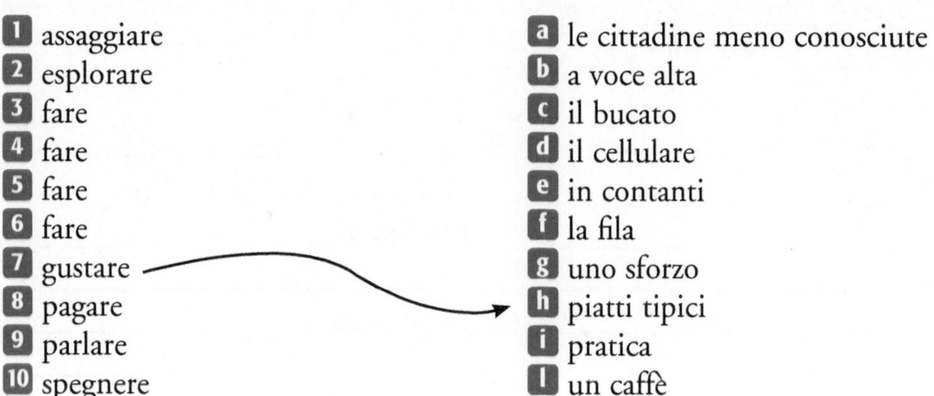

1 assaggiare	a le cittadine meno conosciute
2 esplorare	b a voce alta
3 fare	c il bucato
4 fare	d il cellulare
5 fare	e in contanti
6 fare	f la fila
7 gustare → h	g uno sforzo
8 pagare	h piatti tipici
9 parlare	i pratica
10 spegnere	l un caffè

2 Lessico

Complete the sentences below with the words in the list.

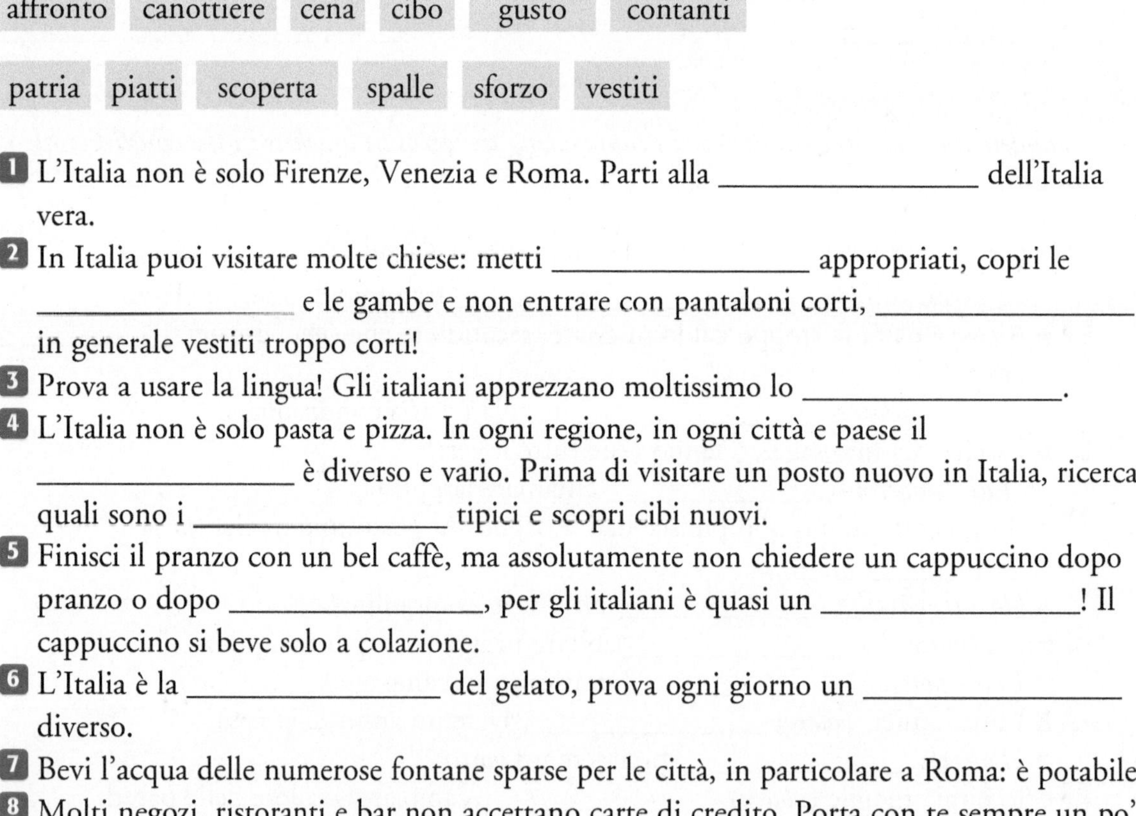

affronto | canottiere | cena | cibo | gusto | contanti

patria | piatti | scoperta | spalle | sforzo | vestiti

1. L'Italia non è solo Firenze, Venezia e Roma. Parti alla ________________ dell'Italia vera.
2. In Italia puoi visitare molte chiese: metti ________________ appropriati, copri le ________________ e le gambe e non entrare con pantaloni corti, ________________ e in generale vestiti troppo corti!
3. Prova a usare la lingua! Gli italiani apprezzano moltissimo lo ________________.
4. L'Italia non è solo pasta e pizza. In ogni regione, in ogni città e paese il ________________ è diverso e vario. Prima di visitare un posto nuovo in Italia, ricerca quali sono i ________________ tipici e scopri cibi nuovi.
5. Finisci il pranzo con un bel caffè, ma assolutamente non chiedere un cappuccino dopo pranzo o dopo ________________, per gli italiani è quasi un ________________! Il cappuccino si beve solo a colazione.
6. L'Italia è la ________________ del gelato, prova ogni giorno un ________________ diverso.
7. Bevi l'acqua delle numerose fontane sparse per le città, in particolare a Roma: è potabile!
8. Molti negozi, ristoranti e bar non accettano carte di credito. Porta con te sempre un po' di ________________.

3 Imperativo singolare informale

Complete the sentences conjugating the verbs in brackets in the ***imperativo singolare informale*** *("tu").*

In Italia...

1. (*visitare*) ____________________ la Sicilia.
2. (*scoprire*) ____________________ l'Italia vera!
3. non (*dimenticare*) ____________________ di chiamare i tuoi genitori ogni tanto.
4. (*assaggiare*) ____________________ il gelato al basilico!
5. non (*perdere*) ____________________ occasione per gustare un buon caffè!
6. (*viaggiare*) ____________________in treno.
7. non (*parlare*) ____________________ sempre inglese,
   (*imparare*) ____________________ un po' di italiano.
8. (*dormire*) ____________________ negli ostelli.
9. (*postare*) ____________________ su Facebook le foto del viaggio.
10. (*scegliere*) ____________________ sempre ristoranti dove mangiano gli italiani,
    non (*mangiare*) ____________________ nei posti turistici.
11. non (*ordinare*) ____________________ l'insalata come antipasto: è un contorno!
12. non (*fissare*) ____________________ un itinerario rigido,
    (*decidere*) ____________________ giorno per giorno dove vuoi andare.

15

4 Imperativo singolare informale

Rewrite the following list of recommendations using the imperativo ***singolare informale*** *("tu"), as in the example.*

Consigli per migliorare il tuo italiano quando sarai a Roma:

1. leggere i giornali italiani — Leggi i giornali italiani.
2. non frequentare solo altri stranieri — ____________________
3. abitare con una famiglia italiana — ____________________
4. non evitare le occasioni per parlare italiano — ____________________
5. non passare troppo tempo da solo — ____________________
6. guardare la tv italiana — ____________________
7. trovare amici italiani — ____________________
8. mettere un annuncio per uno scambio di conversazione — ____________________
9. ascoltare musica italiana — ____________________
10. nei musei scegliere un'audioguida in italiano — ____________________

5 Imperativo plurale informale

*Rewrite the following list of recommendations using the **imperativo plurale** ("voi), as in the example.*

Consigli per migliorare il vostro italiano quando sarete a Roma:

1 leggere i giornali italiani — Leggete i giornali italiani.
2 non frequentare solo altri stranieri — ________
3 abitare con una famiglia italiana — ________
4 non evitare le occasioni per parlare italiano — ________
5 non passare troppo tempo da solo — ________
6 guardare la tv italiana — ________
7 trovare amici italiani — ________
8 mettere un annuncio per uno scambio di conversazione — ________
9 ascoltare musica italiana — ________
10 nei musei scegliere un'audioguida in italiano — ________

6 Imperativo plurale (*voi*)

*Rewrite the following recommendations using the **imperativo plurale** ("voi"), as in the example.*

15

1 Parti alla scoperta dell'Italia vera, esplora le cittadine e i paesi meno conosciuti.
Partite alla scoperta dell'Italia vera...

2 Per entrare nelle chiese metti vestiti appropriati, copri le spalle e le gambe e non indossare pantaloni corti.

____

3 Nei musei, nelle chiese e all'interno dei monumenti spegni il cellulare e non parlare a voce alta.

____

4 Prova a usare la lingua!

____

5 Ricerca quali sono i piatti tipici e scopri cibi nuovi.

____

6 Finisci il pranzo con un bel caffè, ma assolutamente non chiedere un cappuccino dopo pranzo o dopo cena.

____

7 Prova ogni giorno un gusto di gelato diverso e assaggia l'affogato.

____

8 Porta con te sempre un po' di contanti.

____

7 Lessico

Complete the e-mail below with the words in the list.

accogliere | occasione | ospitalità | ospitante | periodo | reddito

registrazione | richieste | scambio | singoli | soggiorni | volte

Da: baldi@hotmail.com A: mary65@gmail.com Oggetto: camera disponibile per studenti

Buongiorno Marina,
come ti dicevo al telefono, ho avuto i tuoi contatti da Teresa Mantovani che già da diversi anni collabora con voi come famiglia ____________. Mi ha detto che quest'anno avete molte ____________ per ____________ in famiglia e io sarei interessato a dare ____________ a uno o due studenti stranieri, per un ____________ di tre mesi, una o due ____________ l'anno.
Mi sembra un modo abbastanza facile e interessante per integrare un po' il mio ____________.
Inoltre sarebbe una buona ____________ per fare un po' di ____________ di conversazione e magari migliorare il mio inglese.
Ho un appartamento abbastanza grande, intorno ai 100 metri quadrati, con due camere da letto e due bagni. Io vivo solo, quindi potrei usare l'altra camera per ____________ gli studenti.
La camera è abbastanza grande, ci sono due letti ____________, due scrivanie e un grande armadio. Teresa mi ha detto che dovrei compilare un modulo di ____________ con i miei dati e le informazioni sull'appartamento. Potresti mandarmelo via e-mail o devo venire a compilarlo presso la vostra scuola?
A presto,
Carlo Baldi

15

8 Imperativo | Verbi irregolari

Complete the following sentences conjugating the verbs in brackets in the ***imperativo singolare*** *("tu") or* ***plurale*** *("voi").*

1. (*Tu - bere*)________________ molta acqua.
2. (*Tu - andare*)________________ a Lecce.
3. (*Tu - avere*)________________ pazienza!
4. (*Voi - fare*)________________ attenzione!
5. (*Tu - dire*)________________ quello che pensi.
6. (*Voi - dare*)________________ una mano a Marta!
7. (*Tu - essere*)________________ un po' più avventuroso!
8. (*Tu - stare*)________________ attento!
9. (*Voi - bere*)________________ meno caffè!
10. (*Voi - stare*)________________ tranquilli!
11. (*Tu - avere*)________________ pietà!
12. (*Tu - dare*)________________ il gelato a Luca.
13. (*Voi - dire*)________________ a Giulio di chiamarmi!
14. (*Voi - andare*)________________ a fare la spesa.
15. (*Voi - essere*)________________ buoni!
16. (*Tu - fare*)________________ la fila.

9 Imperativo e pronomi

Answer affirmatively or negatively using the imperative and the appropriate pronouns, as in the example.

Esempio:
Prendo un altro gelato?
a Ma sì, prendilo.
b No, non prenderlo/non lo prendere.

1 Faccio il bucato?
a ______
b ______

2 Assaggio i cannelloni?
a ______
b ______

3 Condisco l'insalata?
a ______
b ______

4 Vado allo stadio domenica?
a ______
b ______

5 Ospito gli studenti americani?
a ______
b ______

6 Faccio la fila?
a ______
b ______

7 Telefono al medico?
a ______
b ______

8 Porto le medicine?
a ______
b ______

15

10 Imperativo e pronomi

Rewrite the following sentences using the imperative, as in the example. Remember that pronouns must be placed elsewhere.

Esempio:
Lo devi portare a casa
Portalo a casa!

1 Mi devi dare un consiglio.
______

2 Non vi dovete preoccupare.
______

3 Ne dovete prendere un altro.
______

4 La devi assaggiare.
______

5 Mi devi fare un favore.
______

6 Non ti devi scoraggiare.
______

7 Li dovete spegnere.
______

8 Non le devi ospitare.
______

9 Ci devi andare.
______

10 Gli devi stare vicino.
______

11 Le dovete dare una mano.
______

12 Non ci dovete tornare.
______

13 Ne devi fare due.
______

test 4

TOTALE __ /100

1 Riscrittura

__ /29

Rewrite the following e-mail changing it from present to past tense. Use the ***passato prossimo*** *and the* ***imperfetto****. Please note that each* ***imperfetto*** *is worth 2 points (tense and form), each* ***passato prossimo*** *3 points (tense, auxiliary and participle).*

Cara Giulia, come stai? Carlo e io siamo in vacanza in Marocco, per il mio compleanno! Siamo a Marrakech, una città molto interessante anche se un po' turistica! In genere la mattina ci svegliamo presto perché fa molto caldo. Visitiamo i monumenti antichi e facciamo sempre un giro al mercato per comprare la frutta. Il giorno del mio compleanno facciamo un'escursione molto bella, andiamo nel deserto: di giorno visitiamo dei villaggi antichi e vediamo delle oasi, la notte dormiamo fra le dune! A presto, Maria

Cara Giulia, come stai? L'estate scorsa Carlo e io...

2 Passato prossimo e pronomi diretti

__ /20

Answer the following questions completing each sentence with a direct pronoun and adding the final vowel of the past participle, as in the example.

1. Hai comprato i tortellini? Sì, li ho comprati.
2. Hai visto la mostra di Picasso? No, ______________________.
3. Hai sentito Giulio? Sì, ______________________ ieri.
4. Chi ha preso i biglietti? ______________________ io.
5. Avete chiamato le vostre sorelle? No, ancora ______________________.
6. Avete conosciuto Pino e Franca? Sì, ______________________ sabato scorso.
7. Hai preso la nave per la Sardegna? Sì, ______________________ dal porto di Livorno.

3 *Stare* + gerundio

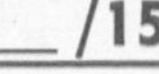

__ /15

Change the following sentences using ***stare*** *+ gerund, as in the example. Please note that the correct form of the verb* ***stare*** *is worth 2 points, while the* ***gerundio*** *is worth 1 point.*

1. Carlo dorme. Carlo sta dormendo.
2. Giulia dice la verità. ______________________
3. Loro fanno i compiti. ______________________
4. Sara pulisce la casa. ______________________
5. Mirko e Andrea vanno via. ______________________
6. Non capisco quello che dici. Non capisco...

4 Condizionale

__/6

Complete the following sentences conjugating the verbs in brackets in the ***condizionale presente.***

1. Ti *(piacere)* ___________ abitare in campagna?
2. Laura e Marco *(volere)* ___________ comprare una casa più grande.
3. Giulia e Rosa sono troppo stressate. *(Loro - dovere)* ___________ andare in vacanza!
4. Con più soldi, noi *(viaggiare)* ___________ più spesso.
5. Marco non parla bene inglese. *(Lui - potere)* ___________ trasferirsi in Inghilterra per sei mesi.
6. Gianni vuole comprare uno smart phone ma ha pochi soldi. Al posto suo io *(cercare)* ___________ su e-bay.

5 Comparativi

__/9

Make comparisons as in the example, using prepositions with articles where appropriate.

1. Il fiume Missisipi (6.970 km) - il fiume Tevere (405 km) - corto
   Il fiume Tevere è _più corto del_ fiume Missisipi.
2. Francia (65 milioni di abitanti) – Italia (61 milioni di abitanti) – popolato
   L'Italia è ______________________ Francia.
3. Il Colosseo (52 metri) - La Torre di Pisa (55 metri) - alto
   La Torre di Pisa è ______________________ Colosseo.
4. Carlo (80 kg) - Marta (95 kg) - grasso
   Marta è ______________________ Carlo.

4

6 Imperativo plurale

__/6

Complete the sentences conjugating the verbs in brackets in the ***imperativo plurale ("voi").***

Consigli pratici per viaggiare negli USA - Prima di partire:

1. (*Andare*) ________________ in banca e (*verificare*) ______________ se la vostra carta di credito è utilizzabile negli Stati Uniti.
2. In banca (*prendere*) _____________ un po' di dollari in banconote.
3. Per entrare in America è necessario avere un passaporto elettronico. Se non lo avete, (*chiedere*) _______________ informazioni alla polizia in Italia.
4. Non (*dimenticare*) ________________ di avere tutti i documenti necessari: (*ricordare*) ________________ di compilare on line il modulo per la richiesta dell'ESTA.

7 Imperativo singolare e pronomi

__/15

Answer the following questions affirmatively or negatively using the ***imperativo singolare*** *("****tu****") and the appropriate pronouns.*

1. ■ Compro il latte?
   ◆ No, ________________________
2. ■ Vado a teatro domenica?
   ◆ Sì, ________________________
3. ■ Prendo i libri?
   ◆ No, ________________________
4. ■ Do la mancia?
   ◆ Sì, ________________________
5. ■ Faccio la fila?
   ◆ No, ________________________
6. ■ Ospito delle studentesse spagnole?
   ◆ Sì, ________________________

SOLUZIONI DEI TEST

TEST 1

1 Articoli determinativi e sostantivi (ogni elemento = 1 punto)
1 la, le sedie; **2** lo, gli scrittori; **3** il, i limoni; **4** l', gli antipasti; **5** l', le attrici; **6** le, la lezione; **7** gli, l'ospedale; **8** i, il nome; **9** gli, lo studente; **10** le, l'impiegata

2 Articoli determinativi e indeterminativi (ogni elemento = 1 punto)
a un, uno, Il, il, la, il, gli; **b** il, un, Il, un, un, la, il, un

3 Presente indicativo - Verbi regolari e irregolari (ogni elemento = 1 punto)
stai, sono, Conosci, È, vado, piace, sono, ho, faccio, visitiamo, facciamo, siamo, andiamo, prendiamo, resto, vado, vanno, preferisco, piacciono, so

4 Sapere e conoscere (ogni elemento = 1 punto)
1 sa; **2** conosci; **3** so; **4** conoscete; **5** Sapete

5 Interrogativi (ogni elemento = 1 punto)
1 Come; **2** Di dove; **3** Perché; **4** Quando; **5** Che cosa; **6** Dove; **7** Che cosa; **8** Quanti; **9** Qual; **10** Come

6 Riscrittura (ogni elemento modificato = 2 punti)
■ Buongiorno, sono Marco Berio.
▼ Piacere, Dana Jones, sono inglese. Lei è italiano?
■ No, sono argentino, ma lavoro in Italia.
▼ Che lavoro fa?
■ Sono traduttore, e Lei?
▼ Io studio all'università.
■ Dove studia?
▼ All'Università per stranieri. Sa dov'è?
■ Sì, è qui vicino. Conosce Maria Parisi?
▼ Sì, certo, è la mia insegnante. Perché conosce Maria?
■ È la mia insegnante privata.
▼ Che coincidenza!
■ Prende un caffè con me?.
▼ Volentieri, grazie. Quale bar preferisce?
■ È lo stesso.

TEST 2

1 Presente indicativo (ogni elemento = 1 punto)
vanno, vogliono, Hanno, finiscono, partono, dormono, mangiano, resta, legge, prepara, è, fa, lavora, devono

2 Aggettivi (ogni elemento = 1 punto)
magnifica, politico, strana, principale, civile, toscana, grande, antiche, famosa, rinascimentale

3 *C'è* e *ci sono* (ogni elemento = 1 punto)
c'è, ci sono, c'è, ci sono, ci sono, c'è

4 Preposizioni (ogni elemento = 1 punto)
a, per, in, in, a, Nell', delle, sul, nel, del, Nei, al, in, a, nella, A

5 L'ora e gli orari (ogni elemento = 1 punto)
1 mezza/trenta; **2** È; **3** quindici/un quarto; **4** a; **5** dalle, all'; **6** le, meno; **7** alle, e; **8** a, quarto

6 Passato prossimo (ogni ausiliare e participio passato = 1 punto ciascuno)
1 hai fatto, sono stato, ho cucinato, è venuta, abbiamo cenato; **2** sono andati, Sono stati, Hanno visitato, hanno passato; **3** hai letto, è piaciuto; **4** avete scritto, abbiamo avuto, abbiamo studiato; **5** Avete visto, sono partiti; **6** sei rimasta, è stata; **7** sei andata, Ho preso; **8** hai messo

TEST 3

1 Riscrittura (ogni elemento evidenziato = 1 punto)
È Gloria, abita a Roma. La mattina si sveglia alle 7, fa colazione, si veste ed esce verso le 8. Va a lavorare in bicicletta. Comincia a lavorare alle 8:30 e finisce alle 4:30. Il lavoro è interessante ma si stanca molto, così la sera quando torna a casa si riposa, legge o guarda la televisione. Durante il fine settimana vuole divertirsi [si vuole divertire], sta con gli amici e spesso va al cinema o a teatro.

2 Aggettivi possessivi (ogni elemento = 1 punto)
il mio, la mia, mia, la sua, i nostri, le sue, i miei, Mio, mia, il loro, i nostri

3 Pronomi diretti e particella ne (ogni elemento = 1 punto)
le, ne, la, lo, Ne, la, le, Le

4 Passato Prossimo dei verbi riflessivi (ogni elemento = 1 punto)
1 si è trasferita; **2** mi sono svegliato/-a; **3** si è laureato; **4** si sono sposati; **5** ci siamo incontrati; **6** Vi siete divertiti

5 Futuro (ogni elemento = 1 punto)
1 finiremo, faremo; **2** dovranno; **3** verrete; **4** andrà; **5** avrò, comprerò; **6** finirà, dovrà; **7** usciranno

6 Pronomi diretti e indiretti (posizione e forma del pronome = 1 punto ciascuno)
Marta e Franco sono fratello e sorella, sono adulti,

vivono da soli, ma sono ancora molto dipendenti dai genitori. I loro amici li chiamano "gli eterni figli", perché gli piace molto la vita comoda. Marta non ama cucinare: la mamma le fa la spesa e le prepara il pranzo e la cena. Franco è molto disordinato e la mamma gli lava i vestiti e lo aiuta a tenere in ordine la casa. La loro mamma li considera immaturi, ma in realtà non vuole aiutarli a essere più indipendenti, perché passa più tempo a casa loro che a casa sua.

7 **Condizionale presente** (ogni verbo = 1 punto)
1 potrei; **2** ci sarebbe; **3** direbbe; **4** potresti; **5** Potrei; **6** vorrebbe; **7** farebbe; **8** vorresti

TEST 4

1 **Riscrittura** (ogni imperfetto [tempo e forma] = 2 punti, ogni passato prossimo [tempo, ausiliare e participio] = 3 punti)
Cara Giulia, come stai? L'estate scorsa Carlo e io siamo stati in vacanza in Marocco, per il mio compleanno! Siamo stati a Marrakech, una città molto interessante anche se un pò' turistica! In genere la mattina ci svegliavamo presto perché faceva molto caldo. Visitavamo i monumenti antichi e facevamo sempre un giro al mercato per comprare la frutta. Il giorno del mio compleanno abbiamo fatto un'escursione molto bella, siamo andati nel deserto: di giorno abbiamo visitato dei villaggi antichi e abbiamo visto delle oasi, la notte abbiamo dormito fra le dune!
A presto, Maria

2 **Passato prossimo e pronomi diretti** (ogni elemento = 1 punto)
1 li ho comprati; **2** non l'ho vista; **3** l'ho sentito; **4** Li ho presi; **5** non le abbiamo chiamate; **6** li abbiamo conosciuti; **7** l'ho presa

3 ***Stare* + gerundio** (verbo *stare* coniugato = 2 punti, gerundio = 1 punto)
1 Carlo sta dormendo.; **2** Giulia sta dicendo la verità.; **3** Loro stanno facendo i compiti.; **4** Sara sta pulendo la casa.; **5** Mirko e Andrea stanno andando via.; **6** Non capisco quello che stai dicendo.

4 **Condizionale** (ogni elemento = 1 punto)
1 piacerebbe; **2** vorrebbero; **3** Dovrebbero; **4** viaggeremmo; **5** Potrebbe; **6** cercherei

5 **Comparativi** (ogni elemento = 1 punto)
1 più corto del; **2** meno popolata della; **3** più alta del; **4** più grassa di

6 **Imperativo plurale** (ogni elemento = 1 punto)
1 Andate, verificate; **2** prendete; **3** chiedete; **4** dimenticate, ricordate

7 **Imperativo singolare e pronomi** (ogni elemento = 1 punto, vedi punteggi indicati tra parentesi)
1 non comprarlo/non lo comprare (3); **2** vacci (2); **3** non prenderli/non li prendere (3); **4** dalla (2); **5** non farla/non la fare (3); **6** ospitale (2)

Grammar section

1 Pronuncia - Pronunciation

Italian words are basically pronounced as they are written. Peculiarities are shown in the tables below.

			example	pronunciation
c	+	a, o, u	casa	[k]
ch		e, i	chilo	*as in kilo*
g	+	a, o, u	gonna	[g]
gh		e, i	lunghe	*as in gold*
sc	+	a, o, u	scuola	[sk]
sch		e, i	schema	*as in sketch*

			example	pronunciation
c	+	e, i	città	[tʃ]
ci		a, o, u	cioccolata	*as in chocolate*
g	+	e, i	gelato	[dʒ]
gi		a, o, u	giacca	*as in jar*
sc	+	e, i	sci	[ʃ]
sci		a, o, u	sciarpa	*as in shampoo*

	example	pronunciation
gl	gli, biglietto, famiglia	[λ]
gn	disegnare, signora	[ɲ]
h	hotel, ho, hanno	*silent*
qu	quasi, quattro, questo	[kw]
r	riso, rosso, risposta	[r] *resonant*

In diphthongs vowels are pronounced separately, as in **Europa** *(*[e] + [u]*),* **vieni** *(*[j] + [ɛ]*),* **pausa** *(*[ɑ] + [u]*).*

Double consonants are strongly emphasized and sound different from simple ones: **notte, palla, ufficio, troppo.**

G

2 Sostantivi - Nouns

2.1 Genere - Gender

Nouns can be either masculine or feminine.
Most nouns ending in **-o** *are masculine, whereas most nouns ending in* **-a** *are feminine.*
Nouns ending in **-e** *can be either masculine or feminine.*

masculine	feminine
libro	casa
studente	studentessa

A few feminine nouns (usually abbreviations) end in **-o: mano, radio, moto, foto, auto.** *Similarly, some masculine nouns end in* **-a: cinema, problema, sistema.** *Nouns ending with a consonant are usually masculine:* **bar, sport.**

2.2 Numero - Number

2.2.1 Forme plurali - Plural forms

Masculine nouns ending in **-o** *form the plural with* **-i.** *Those ending with* **-a** *form the plural with* **-i.** *Feminine nouns ending in* **-a** *form the plural with* **-e.** *Both masculine and feminine nouns ending with* **-e** *form the plural with* **-i.**

	singular	plural
masculine ♂	negozio	negozi
	professore	professori
	problema	problemi

	singular	plural
feminine ♀	casa	case
	notte	notti

2.2.2 Particolarità - Peculiar cases

All nouns ending with a stressed syllable or a consonant do not change in the plural:
caffè → caffè, città → città, film → film.
Abbreviations also do not change in the plural:
foto (fotografia) → foto, bici (bicicletta) → bici, cinema (cinematografo) → cinema.

Masculine nouns ending in **-co/-go** *usually end in* **-chi/ghi** *in the plural if they are stressed on the second to last syllable:* **affresco → affreschi, albergo → alberghi** *(exception:* **amico → amici***). If they are stressed on the third to last syllable they form the plural with* **-ci/-gi***:* **medico → medici, asparago → asparagi.**

Feminine nouns ending in **-ca/-ga** *form the plural in* **-che/-ghe***:* **amica → amiche, riga → righe.**

Nouns ending in **-cia/-gia** *form the plural with* **-ce/-ge** *when the consonant* **c** *or* **g** *is preceded by another consonant:* **mancia → mance, spiaggia → spiagge.** *When the* **c** *or the* **g** *is preceded by a vowel as well as when the* **i** *is stressed, the plural form is* **-cie/-gie***:* **valigia → valigie, farmacia → farmacie.**

Nouns ending in **-io** *usually form the plural with* **-i: negozio → negozi, viaggio → viaggi, esercizio → esercizi.**
If the **i** *is stressed, it remains in the plural ending:* **zio → zii.**

Here are a few irregular plural forms:
uovo ♂ → uova ♀, mano → mani, dito ♂ → dita ♀, paio ♂ → paia ♀.

2.3 Nomi propri - Proper nouns

With nouns referring to human beings the grammatical gender usually corresponds to the natural gender:
commesso / commessa.

G

Some proper nouns ending in **-e** *in the masculine form end in* **-essa** *in the feminine form:* **studente / studentessa.**

Nouns ending in **-tore** *in the masculine form end in* **-trice** *in the feminine form:* **traduttore / traduttrice.**

In some cases there is a single form for both masculine and feminine forms: **(il) turista / (la) turista.**

Some professions, including **architetto, avvocato, ingegnere, giudice, medico,** *can only be used in the masculine form even when referring to a woman:* **Paolo è un architetto famoso. / Maria è un architetto famoso.**

3 Articoli - Articles

Definite and indefinite articles always agree in gender and number with the nouns to which they refer. They may also change depending on the initial letter of the nouns that they precede.

3.1 Articoli determinativi - Definite articles

	masculine		feminine	
	singular	**plural**	**singular**	**plural**
before a consonant	il gelato	i gelati	la camera	le camere
before a vowel	l'amico	gli amici	l'amica	le amiche
before **s** *+ a consonant* *before* **z** *before* **ps** *before* **y**	lo straniero lo zaino lo psicologo lo yogurt	gli stranieri gli zaini gli psicologi gli yogurt		

3.2 Articoli indeterminativi - Indefinite articles

	masculine	feminine
before a consonant	un gelato	una camera
before a vowel	un amico	un'amica
before **s** *+ a consonant* *before* **z** *before* **ps** *before* **y**	uno straniero uno zucchino uno psicologo uno yogurt	

4 Aggettivi - Adjectives

Adjectives agree in gender and number with the nouns to which they refer.

4.1 Aggettivi del primo tipo - Adjectives ending in *-o/-a*

	singular	plural
masculine	-o	-i
feminine	-a	-e

il museo famoso → i musei famosi
la chiesa famosa → le chiese famose
il ristorante costoso → i ristoranti costosi
la pensione costosa → le pensioni costose

Feminine adjectives ending in **-ca** *end in* **-che** *in the plural. Masculine adjectives ending in* **-co** *end in* **-chi** *in the plural if the stress falls on the second to last syllable, whereas they end in* **-ci** *if the stress is on the third to last syllable:* **chiesa antica → chiese antiche, trattoria tipica → trattorie tipiche, palazzo antico → palazzo antichi, ristorante tipico → ristoranti tipici.**

4.2 Aggettivi del secondo tipo - Adjectives ending in *-e*

	singular	plural
masculine + feminine	-e	-i

il museo interessante → i musei interessanti
la chiesa interessante → le chiese interessanti
il ristorante elegante → i ristoranti eleganti
la pensione elegante → le pensioni eleganti

4.3 Colori - Colors

Most colors function as normal adjectives: **il cappotto nero → i cappotti neri, il cappello verde → i cappelli verdi, la macchina rossa → le macchine rosse, la gonna arancione → le gonne arancioni.**

Some colors - **blu, rosa, viola, beige, lilla** - *always remain unchanged:* **la giacca blu → le giacche blu, il divano viola → i divani viola.**

4.4 Posizione dell'aggettivo - Position of adjectives

Adjectives are usually placed after the nouns to which they refer: **una città tranquilla, un ragazzo cinese.** *Some short and commonly used adjectives may sometimes precede the nouns, though:* **È una bella macchina.**

5 Comparativi e superlativi - Comparatives and superlatives

5.1 Comparativi - Comparatives

5.1.1 Comparativo di maggioranza e minoranza - Majority and minority comparative

Majority comparative: **più** + *adjective:* **Questi pantaloni sono più eleganti di quelli.**

Minority comparative: **meno** + *adjective:* **I jeans sono meno eleganti dei pantaloni.**

As shown above, the second term of comparison is introduced by the preposition **di** *(simple or compound).*

5.1.2 Comparativo di uguaglianza - Equality comparative

Adjective + **come** *or* **quanto** + *second term of comparison:*
Franca è simpatica come Lucia., Luigi è alto quanto mia sorella.

5.2 Superlativo assoluto - Absolute superlative

The absolute superlative expresses the highest degree of a quality. It is formed with the adverb **molto** *followed by the adjective, or by adding the suffix* **-issimo/a/i/e** *to the root of the adjective (in which case adjectives ending with* **-e** *take the ending* **-o** *for the masculine and* **-a** *for the feminine form.*

masculine	feminine
molto tranquillo = tranquillissimo	molto tranquilla = tranquillissima
molto interessante = interessantissimo	molto interessante = interessantissima

With adjectives ending in **-co** *and* **-go**, *an extra* **h** *is inserted:*
Il viaggio è stato lunghissimo.
Ieri sera ero stanchissima.

6 Dimostrativi - Demonstratives

Demonstratives can be either adjectives or pronouns. Demonstrative adjectives combine with nouns, demonstrative pronouns replace nouns. They all agree in gender and number with the nouns to which they refer:
Questa macchina è molto bella. *(adjective)* **Quella invece no.** *(pronoun)*

6.1 *Questo + Quello*

Questo/a/i/e *refers to people and things who/which are close to the speaker.* **Quello** *refers to people and things who/which are far from the speaker*

questo - adjective
Questo vestito è stretto. Questi panini sono buoni.

questo - pronoun
Questa è Maria. Queste sono Maria e Anna.

quello - pronoun
Quello è Giovanni. Quelle sono Maria e Anna.

G

6.2 Forme dell'aggettivo dimostrativo *quello* - Forms of demonstrative adjective *quello*

Demonstrative adjective **quello** *may change depending on the initial letter of the noun that it precedes. Its endings are similar to those of definite articles.*

	masculine		feminine	
	singular	**plural**	**singular**	**plural**
before a consonant	quel gelato	quei gelati	quella camera	quelle camere
before a vowel	quell'amico	quegli amici	quell'amica	quelle amiche
before s + consonant, z, ps and y	quello straniero quello zucchino	quegli stranieri quegli zucchini		

7 Verbi - Verbs

Italian verbs may belong to three conjugations depending on their infinitive ending: **-are** → **prima coniugazione** *(first conjugation),* **-ere** → **seconda coniugazione** *(second conjugation),* **-ire** → **terza coniugazione** *(thirs conjugation).*

7.1 Presente indicativo - Present tense

7.1.1 Verbi regolari - Regular verbs

		-are	-ere	-ire	
		abitare	**prendere**	**dormire**	**capire***
singular	io	abit**o**	prend**o**	dorm**o**	cap**isco**
	tu	abit**i**	prend**i**	dorm**i**	cap**isci**
	lei/lui	abit**a**	prend**e**	dorm**e**	cap**isce**
plural	noi	abit**iamo**	prend**iamo**	dorm**iamo**	cap**iamo**
	voi	abit**ate**	prend**ete**	dorm**ite**	cap**ite**
	loro	abit**ano**	prend**ono**	dorm**ono**	cap**iscono**

* *Quite a few verbs ending in* **-ire** *are conjugated like* **capire**. *The most common are* **finire, preferire, pulire, spedire.**

7.1.2 Verbi in *-care/-gare, -ciare/-giare, -gere, -scere* - Verbs ending with *-care/-gare, -ciare/-giare, -gere, -scere*

	giocare	pagare	cominciare	mangiare	leggere	conoscere
io	gioco	pago	comincio	mangio	leggo	conosco
tu	giochi	paghi	cominci	mangi	leggi [dʒi]	conosci [ʃi]
lei/lui	gioca	paga	comincia	mangia	legge [dʒi]	conosce [ʃi]
noi	giochiamo	paghiamo	cominciamo	mangiamo	leggiamo [dʒi]	conosciamo [ʃi]
voi	giocate	pagate	cominciate	mangiate	leggete [dʒi]	conoscete [ʃi]
loro	giocano	pagano	cominciano	mangiano	leggono	conoscono

7.2 Verbi irregolari - Irregular verbs

	andare	avere	bere	dare	dire	essere
io	vado	ho	bevo	do	dico	sono
tu	vai	hai	bevi	dai	dici	sei
lei/lui	va	ha	beve	dà	dice	è
noi	andiamo	abbiamo	beviamo	diamo	diciamo	siamo
voi	andate	avete	bevete	date	dite	siete
loro	vanno	hanno	bevono	danno	dicono	sono

	fare	rimanere	scegliere	stare	uscire	venire
io	faccio	rimango	scelgo	sto	esco	vengo
tu	fai	rimani	scegli	stai	esci	vieni
lei/lui	fa	rimane	sceglie	sta	esce	viene
noi	facciamo	rimaniamo	scegliamo	stiamo	usciamo	veniamo
voi	fate	rimanete	scegliete	state	uscite	venite
loro	fanno	rimangono	scelgono	stanno	escono	vengono

7.3 Forma progressiva - Progressive form

The progressive form of the present tense is used to emphasize the fact that a specific action is underway at this very moment. It is never used to talk about future events. It is formed with the present forms of **stare** *followed by the gerund of the verb (see below):* **Sto andando a lezione., Anna e Sergio stanno dormendo.**

-are	-ere	-ire	
andare	prendere	dormire	capire
andando	prendendo	dormendo	capendo

verbi irregolari		
bere	dire	fare
bevendo	dicendo	facendo

7.4 Piacere

Whenever the verb **piacere** *is used, the subject of the sentence is not the person who likes something/somebody, but the person/thing who/which causes the feeling. Therefore, when* **piacere** *is followed by a singular noun, the verb is conjugated in the third singular person, whereas when it is followed by a plural noun, it is conjugated in the third plural person. The person who has the feeling is expressed by an indirect pronoun.*

Ti piace questa musica? singular subject

Non mi piacciono le fragole. plural subject

When **piacere** *is followed by another verb, the latter is left in the infinitive form and* **piacere** *is conjugated in the third singular person:* **Mi piace leggere.**

7.5 *C'è, ci sono*

C'è *(singular) and* **ci sono** *(plural) are two forms of the verb* **esserci**, *which indicates the presence or the existence of somebody/something and is usually followed by the subject:*
C'è un parcheggio qui vicino?, In questo frigorifero non c'è niente!, Nell'appartamento ci sono tre balconi.

7.6 *Sapere + conoscere*

The verbs **sapere** *and* **conoscere** *are both translated as "to know", but in Italian they generally have different uses.*

7.6.1 *Conoscere*

The regular verb **conoscere** *is always used with a direct object:*
Conosco New York., Conosci un buon ristorante giapponese?, I miei genitori non conoscono Giovanni.

7.6.2 *Sapere*

The verb **sapere** *has an irregular present conjugation and is usually followed by a sentence:* **Sai dove vanno in vacanza?, Non so come si dice "ciao" in russo.**

Sapere *can also be followed by a direct object when it means "to have knowledge acquired through studying and information gathering":*
So (= conosco) il francese., Sappiamo (= conosciamo) molte cose sull'Italia.

Sapere *can also be used in combination with an infinitive, in which case it means "to be able to":* **Franco sa suonare il piano., Non so cucinare.**

	sapere
io	so
tu	sai
lei/lui	sa
noi	sappiamo
voi	sapete
loro	sanno

7.7 Verbi servili - Modal verbs

The modal verbs **dovere, potere** *and* **volere** *are followed by an infinitive to which they give a sense of necessity (***dovere***), possibility (***potere***) or willingness (***volere***). They have an irregular present conjugation.*

Devo lavorare tutto il fine settimana.
Non possiamo venire a cena domani sera.
Renzo vuole comprare una casa a Venezia.

	dovere	potere	volere
io	devo	posso	voglio
tu	devi	puoi	vuoi
lei/lui	deve	può	vuole
noi	dobbiamo	possiamo	vogliamo
voi	dovete	potete	volete
loro	devono	possono	vogliono

7.8 Presente indicativo dei verbi riflessivi - Present tense of reflexive verbs

Reflexive verbs are preceded by reflexive pronouns and are conjugated as normal verbs. They can refer to:
- *an action in which the subject and the direct object are the same:* **Io mi lavo., Tu ti vesti.**
- *a reciprocal action (the same concept can be conveyed in English through the expression "each other/one another"):* **Carlo e Pia si scrivono molte lettere.**

When reflexive verbs are in the infinitive form, reflexive pronouns can either precede the conjugated verb, or follow the infinitive and form a single word with it:
Domani mi voglio svegliare alle 10. = Domani voglio svegliarmi alle 10.

The negation **non** *always comes before the reflexive pronoun:* **Domani non mi alzo presto.**

	riposarsi	perdersi	vestirsi
io	mi riposo	mi perdo	mi vesto
tu	ti riposi	ti perdi	ti vesti
lei/lui	si riposa	si perde	si veste
noi	ci riposiamo	ci perdiamo	ci vestiamo
voi	vi riposate	vi perdete	vi vestite
loro	si riposano	si perdono	si vestono

G

7.9 Passato prossimo

7.9.1 Forme - Forms

The passato prossimo is a compound tense, that is, a tense formed by two words: the first word is the **presente indicativo** *of* **avere** *or* **essere** (**verbi ausiliari**: *auxiliary verbs), the second word is the past participle of the verb. Verbs ending in* **-are** *in the infinitive have a past participle which ends in* **-ato**; *those ending in* **-ere** *have a past participle which ends in* **-uto**; *finally, verbs ending with* **-ire** *have a past participlewhich ends in* **-ito**:

studiare → (Io) ho studiato. avere → Laura ha avuto la febbre alta. dormire → (Voi) avete dormito bene?

The negation **non** *comes before the auxiliary verb:* **Davide non ha mangiato.**

7.9.2 Participi passati irregolari - Irregular past participles

Many Italian verbs have an irregular past participle.

aprire	ho aperto	essere	sono stato/-a	piangere	ho pianto	scendere	sono sceso/-a
bere	ho bevuto	fare	ho fatto	prendere	ho preso	scrivere	ho scritto
chiedere	ho chiesto	leggere	ho letto	promettere	ho promesso	sorridere	ho sorriso
chiudere	ho chiuso	mettere	ho messo	ridere	ho riso	spendere	ho speso
correre	ho corso	morire	è morto/-a	rimanere	sono rimasto/-a	vedere	ho visto
decidere	ho deciso	nascere	è nato/-a	rispondere	ho risposto	venire	sono venuto/-a
dire	ho detto	offrire	ho offerto	rompere	ho rotto	vincere	ho vinto
discutere	ho discusso	perdere	ho perso	scegliere	ho scelto	vivere	ho vissuto

G

7.9.3 Scelta dell'ausiliare: *essere* o *avere*? - Auxiliary verbs: *essere* or *avere*?

When the auxiliary is **avere**, *past participles do not change:*

Dario ha mangiato la pasta.
Dario e Paolo hanno mangiato in pizzeria.

Daniela ha mangiato la pizza.
Daniela e Maria hanno mangiato al ristorante.

Avere *is used as an auxiliary:*

- *with all transitive verbs (i. e. verbs which can be followed by a direct object):*
  Ho mangiato la pizza., Abbiamo visitato il museo.
- *with some intransitive verbs (i. e. verbs which cannot be followed by a direct object):*
  Davide ha litigato con la sua ragazza.
- *with some verbs of movement such as* **camminare, nuotare, passeggiare, ballare, sciare, viaggiare:**
  Hanno ballato a un festival di musica reggae., Ho sciato dalla mattina alla sera.

Essere *is used as an auxiliary:*

- *with many intransitive verbs, in particular with verbs which express movement (***andare, arrivare, entrare, partire, tornare, venire***), state (***essere, stare, restare, rimanere***) and change/transformation (***diventare, crescere, nascere, morire***):* **Elena è andata in Canada., Siamo nati a Roma.**
- *with reflexive verbs:* **Mi sono alzato alle 7., Ieri ci siamo divertiti molto.**
- *with* **piacere: Ti è piaciuta la festa?**

When **essere** *is used as an auxiliary, the past participle agrees in gender and number with the subject:*

Danilo è rimasto a casa tutto il giorno.
I miei genitori si sono conosciuti in vacanza.

Paola è rimasta in ufficio fino a tardi.
Sara e Ilaria si sono conosciute cinque anni fa.

7.9.4 *Avere* ed *essere* + *cominciare* e *finire* - *Avere* and *essere* + *cominciare* and *finire*

Some verbs, such as **cominciare** *and* **finire**, *can form the* **passato prossimo** *either with* **avere** *or with* **essere**: *they use* **avere** *when they are transitive (i. e. when followed by a direct object) or when they are followed by a preposition and an infinitive. They use essere in all other cases:*
Ho cominciato il corso di italiano., Federica ha finito l'università., Giorgia ha cominciato a studiare., Ho finito di leggere il libro., Il corso di italiano è cominciato ieri., Il concerto è finito a mezzanotte.

7.9.5 *Avere* ed *essere* + verbi servili - *Avere* and *essere* + modal verbs

Modal verbs **dovere, potere** *and* **volere**, *when followed by an infinitive, can form the* **passato prossimo** *with either* **avere** *or* **essere**, *depending on the auxiliary which must be used with that specific infinitive:*

Carla ha dovuto vendere la moto.
Non ho potuto studiare ieri.
Hanno voluto mangiare al ristorante.

Carla è dovuta tornare a casa.
Non sono potuto andare al cinema.
Sono volute uscire.

7.10 Imperfetto

7.10.1 Coniugazione regolare - Regular conjugation

	-are	-ere	-ire	
	parlare	vivere	dormire	preferire
io	parlavo	vivevo	dormivo	preferivo
tu	parlavi	vivevi	dormivi	preferivi
lei/lui	parlava	viveva	dormiva	preferiva
noi	parlavamo	vivevamo	dormivamo	preferivamo
voi	parlavate	vivevate	dormivate	preferivate
loro	parlavano	vivevano	dormivano	preferivano

7.10.2 Coniugazione irregolare - Irregular conjugation

	essere	bere	dire	fare
io	ero	bevevo	dicevo	facevo
tu	eri	bevevi	dicevi	facevi
lei/lui	era	beveva	diceva	faceva
noi	eravamo	bevevamo	dicevamo	facevamo
voi	eravate	bevevate	dicevate	facevate
loro	erano	bevevano	dicevano	facevano

7.10.3 Uso dell'imperfetto - Use of the imperfetto

The **imperfetto** *is a past tense used for:*
- *recounting past habits:* **Da bambino andavo spesso in montagna.**
- *describing how people and things were in the past:* **Mia nonna era molto bella.**
- *describing situations in the past:* **Alla festa c'era molta gente.**

The **imperfetto** *is often used in combination with time expressions such as* **normalmente** *and* **di solito.**

7.10.4 Passato prossimo vs. imperfetto

the *passato prossimo* refers to:	the *imperfetto* refers to:
completed past actions which took place over a definite period of time: **Ieri sera siamo andati al cinema.** **Ho abitato a Londra per cinque anni.**	*past situations of indefinite duration:* **In quel periodo avevo molti amici.** **I miei nonni abitavano in campagna.**
actions which occurred only once or a certain number of times: **Martedì siamo tornati tardi.** **Sono stato a Shangai molte volte.**	*past habits and actions which occurred repeatedly:* **Normalmente tornavamo presto.,** **Studiavamo sempre il pomeriggio.**
events which occurred in sequence, one after the other: **Sono uscito di casa, ho comprato un giornale e sono andato al bar.**	*a series of events which happened at the same time and of indefinite duration:* **Mentre guidavo, Sergio controllava la cartina.**

When referring to past actions, the conjunction **mentre** *is always followed by the imperfetto:*
Mentre leggevo, è entrata una ragazza.

If a past action was not yet finished when another one began, the first goes in the **imperfetto***, while the next one is in the* **passato prossimo: Mentre leggevo, è entrata una ragazza.**

7.11 Futuro semplice - Future tense

7.11.1 Coniugazione regolare - Regular conjugation

- are → -er*- -ere → -er- -ire → -ir-	-ò -ai -à -emo -ete -anno

	parlare	vendere	dormire	preferire
io	parlerò	venderò	dormirò	preferirò
tu	parlerai	venderai	dormirai	preferirai
lei/lui	parlerà	venderà	dormirà	preferirà
noi	parleremo	venderemo	dormiremo	preferiremo
voi	parlerete	venderete	dormirete	preferirete
loro	parleranno	venderanno	dormiranno	preferiranno

The following verbs are exceptions to this rule:* **dare → darò, fare → farò, stare → starò.
Verbs ending in **-care/-gare** *in the infinitive take an extra* **-h-** *before the verb ending:*
cercare → cercherò, pagare → pagherò.
Verbs ending in **-ciare/-giare** *lose the* **i: cominciare → comincerò, mangiare → mangerò.**

7.11.2 Coniugazione irregolare - Irregular conjugation

Some verbs use, in the future tense, an irregular root. The endings are identical to those of regular verbs.

andare	and-	-ò -ai -à -emo -ete -anno
avere	avr-	
cadere	cadr-	
dovere	dovr-	
essere	sar-	
potere	potr-	
rimanere	rimarr-	

sapere	sapr-	-ò -ai -à -emo -ete -anno
tenere	terr-	
vedere	vedr-	
vedere	vedr-	
venire	verr-	
vivere	vivr-	
volere	vorr-	

7.11.3 Uso del futuro - Use of the future tense

The **futuro semplice** *refers to actions which are supposed to take place in the future and is often used when one wants to express a certain degree of uncertainty (such actions are scheduled, but may not occur):*
Quest'estate forse andremo in Australia.
When one refers to future actions which will most certainly take place, the **presente indicativo** *is generally used (though this option is not obligatory):* **Ci vediamo domani alle 8:30.**

7.12 Condizionale presente - Present conditional

7.12.1 Coniugazione regolare - Regular conjugation

The forms of the **condizionale presente** *are similar to those of the* **futuro semplice***: the verb root is identical, whereas the endings are different.*

-are → -er*- -ere → -er- -ire → -ir-	-ei -esti -ebbe -emmo -este -ebbero

	parlare	vendere	dormire	preferire
io	parlerei	venderei	dormirei	preferirei
tu	parleresti	venderesti	dormiresti	preferiresti
lei/lui	parlerebbe	venderebbe	dormirebbe	preferirebbe
noi	parleremmo	venderemmo	dormiremmo	preferiremmo
voi	parlereste	vendereste	dormireste	preferireste
loro	parlerebbero	venderebbero	dormirebbero	preferirebbero

******The following verbs are exceptions to this rule:*
dare → darei, fare → farei, stare → starei.
Verbs ending in **-care/-gare** *in the infinitive take an extra* **-h-** *before the verb ending:*
cercare → cercherei, pagare → pagherei.
Verbs ending in **-ciare/-giare** *lose the* **i**:
cominciare → comincerei, mangiare → mangerei.

7.12.2 Coniugazione irregolare - Irregular conjugation

Some verbs use, in the present conditional, an irregular root. The endings are identical to those of regular verbs.

avere	avr-	-ei -esti -ebbe -emmo -este -ebbero
andare	and-	
cadere	cadr-	
dovere	dovr-	
essere	sar-	
potere	potr-	
rimanere	rimarr-	

sapere	sapr-	-ei -esti -ebbe -emmo -este -ebbero
tenere	terr-	
vedere	vedr-	
venire	verr-	
vivere	vivr-	
volere	vorr-	
volere	vorr-	

7.12.3 Uso del condizionale presente - Use of the present conditional

The condizionale presente is used for:
- *expressing a possibility or making an assumption:* **Pensi che verrebbe con noi?**
- *expressing wishes:* **Vorrei fare un corso di spagnolo.**
- *making a polite request:* **Mi darebbe una mano?**
- *giving advice:* **Dovrebbe smettere di fumare.**
- *making suggestions and proposals:* **Potremmo andare al cinema!**

7.13 Imperativo - Imperative

7.13.1 Coniugazione regolare - Regular conjugation

The forms of the **imperativo informale singolare (tu)** *of verbs ending in* **-ere** *and* **-ire** *are identical to those of the* **presente indicativo**. *All plural forms of the* **imperativo (noi + voi)** *are identical to those of the* **presente indicativo**.

	parlare	mettere	partire	finire
io	parla	metti	parti	finisci
noi	parliamo	mettiamo	partiamo	finiamo
voi	parlate	mettete	partite	finite

7.13.2 Coniugazione irregolare - Irregular conjugation

	andare	avere	bere	dare	dire	essere	fare	stare	venire
io	vai/va'	abbi	bevi	dai/da'	di'	sii	fai/fa'	stai/sta'	vieni
noi	andiamo	abbiamo	beviamo	diamo	diciamo	siamo	facciamo	stiamo	veniamo
voi	andate	abbiate	bevete	date	dite	siate	fate	state	venite

7.13.3 Imperativo negativo - Negative forms

The negative form of the second singular person (**tu**) *of the imperative is formed with the negation* **non** *followed by the infinitive of the verb. With plural forms* (**noi** *and* **voi**) *the negation precedes the conjugated verb:*
(tu) Non parlare a voce alta!, (noi) Non andiamo via!, (voi) Non perdete questa occasione.

7.13.4 Uso dell'imperativo - Use of the imperative

The imperative is used for:
- *giving advice and recommendations:* **Esplora città meno conosciute.**
- *giving instructions:* **Gira alla prima a sinistra e poi va' dritto.**
- *giving commands:* **Parlate a voce bassa!**
- *inciting someone to do something:* **Telefoniamo a Carlo!**

*The first plural person (***noi***) corresponds to the English construction "let's" + verb:* **Ragazzi, andiamo al cinema!**

7.13.5 Pronomi e imperativo - Pronouns and imperative

Direct, indirect and reflexive pronouns, as well as **ne** *and* **ci**, *follow the imperative and form a single word with it:*
Preparatevi per una grande avventura., Ordina un caffè e bevilo mentre mangi un cornetto.

If the imperative is in the negative form, the pronoun can either precede or follow the verb:
Non scoraggiarti! = Non ti scoraggiare!, Non preoccupatevi! = Non vi preoccupate!

Verbs such as **andare, dare, dire, fare, stare** *have abbreviated singular imperative forms (see "Coniugazione irregolare"). Pronouns, including* **ne** *and* **ci**, *form a single with them and begin with a double consonant:*
Dimmi la verità. (di' + mi), Se non hai ancora fatto i compiti, falli ora. (fa' + li)

The indirect pronoun **gli** *does not follow the above mentioned rule:*
Telefona a Giorgio e digli di venire domani.

8 Preposizioni - Prepositions

8.1 Preposizioni semplici - Simple prepositions

Simple prepositions are words which do not change and which connect elements of a sentence.
Italian simple prepositions are: **di, a, da, in, con, su, per, tra / fra.**

8.2 Preposizioni articulate - Compound prepositions

Prepositions **di, a, da, in, su** *can merge with definite articles, thus forming a single word (a compound preposition).*

	il	lo	l'	la	i	gli	le
di	del	dello	dell'	della	dei	degli	delle
a	al	allo	all'	alla	ai	agli	alle
da	dal	dallo	dall'	dalla	dai	dagli	dalle
in	nel	nello	nell'	nella	nei	negli	nelle
su	sul	sullo	sull'	sulla	sui	sugli	sulle

8.3 Uso delle preposizioni - Use of prepositions

8.3.1 La preposizione *a* - Preposition *a*

Preposition **a**:
- *indicates the place where one is or where one is going:*
  Sono/Vado a Firenze., Sono/Vado al cinema., Sono/Vado a scuola.
- *indicates the distance required to reach a place:* **La casa è a 50 metri dal mare.**
- *introduces an indirect object:* **Scrivo a mia madre., Ha telefonato a suo zio.**
- *indicates when something happened, happens or will happen:*
  Sono uscito alle 22., Vanno in ufficio alle 9., Ci vediamo domani alle 2?
- *indicates the end of a period of time:* **Lavoro dal lunedì al sabato., Andiamo al mare da giugno a settembre.**
- *indicates how something is prepared:* **Tè al limone., Spaghetti al pomodoro.**
- *is used in combination with some verbs:*
  Adesso comincio a studiare., Vado a lavorare in bici., Mio fratello mi aiuta a studiare.

G

8.3.2 La preposizione *di* - Preposition *di*

Preposition di*:*

- *indicates the place of origin (in combination with* essere*):* Sono di Milano., Sei di Melbourne?
- *indicates in which part of the day/day of the week actions take place:*
  Non studio mai di sera., Di domenica in genere i negozi sono chiusi.
- *indicates the material/content of an object:* Una cravatta di seta., Una bottiglia di vino.
- *is used for specification:* il figlio di Franco, gli orari dei negozi
- *indicates indefinite quantities (when merged with a definite article):*
  Vorrei del salame e della mozzarella. (= un po' di)
- *indicates a comparison between people/things:*
  Edoardo è più basso di Piero., Sono meno sportivo di mio fratello.
- *is used in combination with some verbs:* Finisco di lavorare alle 18:00., Pensi di venire alla festa?

8.3.3 La preposizione *da* - Preposition *da*

Preposition da*:*

- *indicates the place where one is or where one is going (only when followed by nouns referring to people or proper names):* Vado dal dottore., Domani andiamo da una mia amica., Stasera cenate da Stefano?
- *indicates the place of origin/departure:* Vieni da Roma?, È arrivato il treno da Milano.
- *indicates a period of time which has had a continuos duration (see English "for/since"):*
  Lavoro qui da cinque anni., Abitiamo in Spagna dal 2002.
- *indicates the beginning of a period of time:*
  Da lunedì comincia un nuovo lavoro., Sono in ufficio dalle 9 alle 18., Siamo in ferie da lunedì a mercoledì.

8.3.4 La preposizione *in* - Preposition *in*

Preposition in*:*

- *indicates the place/region/country where one is ore where one is going:*
  Vivo in Italia., Abita in Sicilia., Vanno in banca., Passo le vacanze in Irlanda.
- *is used with means of transport:* Vai in treno o in macchina?, Preferisci viaggiare in aereo.

8.3.5 La preposizione *con* - Preposition *con*

Preposition con*:*

- *indicates with whom one does something:* Stasera esci con gli amici?, Vorrei fare un viaggio con il mio ragazzo.
- *indicates the means by which something is done as well as means of transport:*
  Paga con la carta di credito?, Partite con la macchina, no?
- *indicates what a thing or a person is like:*
  Per me un cornetto con la marmellata, grazie., una ragazza con gli occhi blu

8.3.6 La preposizione *su* - Preposition *su*

Preposition su*:*

- *indicates the place where one is:* Sono sul treno., Navigano su internet.
- *introduces a subject:* Vorrei un libro sulla Toscana., Ho visto un film su Cristoforo Colombo.

8.3.7 La preposizione *per* - Preposition *per*

Preposition per*:*

- *indicates one's destination:* Domani parto per la Svezia., un treno per Milano
- *indicates for whom one does something:* Hanno comprato un regalo per Paolo.
- *indicates duration:* Posso restare qui solo per un'ora.
- *indicates for what reason one does something:*
  Siamo qui per visitare la città., Studiano italiano per motivi di lavoro.

8.3.8 La preposizione *fra / tra* - Preposition *fra / tra*

Preposition fra / tra*:*
- indicates where somebody/something is:
Pina è seduta tra Marco e Salvo., La chiesa si trova fra il museo e il teatro.

8.4 Altre preposizioni - Other prepositions

dietro: *behind*	sopra: *above*
dopo: *after*	sotto*: below, under*
durante: *during*	verso: *around, approximately*
senza: *without*	

9 Pronomi - Pronouns

9.1 Pronomi soggetto - Subject pronouns

Personal subject pronouns such as **io, tu** *are often omitted because the verb ending provides clear indication of who the subject is.*

singular	plural
io = I	noi = we
tu = you	voi = you
lei = she	loro = they
lei = he	

Such pronouns, though, are not omitted when one wants to emphasize the subject for any reason and/or when the the verb is missing:
Io sono di Genova. E tu?,
Lucia ama il mare, ma io preferisco andare in montagna.

When speaking to two or more people, **voi** *is generally used (both in informal and formal situations).*

9.2 Pronomi diretti - Direct pronouns

9.2.1 Forme e uso - Forms and use

Direct pronouns replace an object or a person which/who has already been mentioned. They are always placed before a conjugated verb, whreas they follow infinitive verbs and form a single word with it:

singular	plural
mi	ci
ti	vi
lo	li
la	le

■ **Perché Federico non è venuto?**
▼ **Non lo so, ora lo chiamo.**

■ **Fai la spesa al mercato o al supermercato?**
▼ **Preferisco farla al mercato.**

Lo, la, li *and* **le** *agree in gender and number with the noun to which they refer:*

■ **Quando vedi Mario?**
▼ **Lo incontro domani.**

■ **Quando vedi i colleghi?**
▼ **Li incontro domani.**

■ **Quando vedi Maria?**
▼ **La incontro domani.**

■ **Quando vedi le colleghe?**
▼ **Le incontro domani.**

Before a vowel or the letter **h** *singular pronouns* **lo** *and* **la** *take an apostrophe, which is never the case for plural pronouns:*

■ **Hai letto il giornale?**
▼ **No, non l'ho letto. (lo + ho = l'ho)**

■ **Ascolti musica classica?**
▼ **Si, l'ascolto spesso. (la + ascolto = l'ascolto)**

Lo *can also replace a whole sentence:* ■ **Dov'è Mario?**
▼ **Non lo so. (= non so dov'è Mario)**

9.2.2 Pronomi diretti e participi passati - Direct pronouns and past participles

When **passato prossimo** *is preceded by* **lo, la, li, le,** *the past participle agrees in gender and number with the direct pronoun:*

■ Hai visto il film?
▼ Sì, l'ho visto.

■ Hai chiuso la finestra?
▼ Sì, l'ho chiusa.

■ Hai chiamato i ragazzi?
▼ Sì, li ho chiamati.

■ Hai spedito le lettere?
▼ No, non le ho ancora spedite.

9.2.3 Dislocazione del complemento oggetto - Position of the object

In order to be emphasized, the object can be placed at the beginning of a sentence, in which case it is directly followed by its corresponding direct pronoun:
Il parmigiano lo vuole stagionato o fresco?
Le olive le vuole verdi o nere?

9.3 *Ne*

Ne *replaces a noun which functions as a direct object when the sentence contains reference to a number or a quantity:*

■ Vorrei del pane.
▼ Quanto ne vuole?
■ Ne vorrei mezzo chilo.

■ Quante uova abbiamo?
▼ Ne abbiamo quattro.

■ Hai un fratello, vero?
▼ No, ne ho due.

G

9.4 Pronomi indiretti - Indirect pronouns

Indirect pronouns are used to replace a noun preceded by the preposition **a.**

Indirect pronouns always precede conjugated verbs, whereas when the verb is in the infinitive form, they follow it forming a single word:
Questo vestito mi sembra troppo caro., Marco, ti piace questo vino?, Ha chiamato Giorgio, devi mandargli i documenti.

singular	plural
mi (= a me) ti (= a te) gli (= a lui) le (= a lei)	ci (= a noi) vi (= a voi) gli (= a loro)

The negation **non** *always precede the verb:* **Questo colore non mi piace., Non ci va di uscire stasera.**

9.5 Pronomi diretti/indiretti e verbi - Direct/Indirect pronouns and verbs

9.5.1 Verbi + complementi diretti - Verbs + direct objects

Some verbs are commonly followed by a direct object (see boldtype in the table below).

aiutare	Aiuto **Giulio.** → **Lo/L'**aiuto.
amare	Amo **le canzoni italiane.** → **Le** amo.
ascoltare	Ascolto **la radio.** → **La/L'**ascolto.
bere	Bevo **un cappuccino** → **Lo** bevo.
chiamare	Chiamiamo **Anna?** → **La** chiamiamo?
conoscere	Conosco **tuo fratello.** → **Lo** conosco.
guardare	Guardo **la televisione.** → **La** guardo.
incontrare	Incontro **gli amici.** → **Li** incontro.
invitare	Invito **i miei amici.** → **Li** invito.
mangiare	Non mangia **la carne.** → Non **la** mangia.

perdere	Ho perso **l'ombrello.** → **L'ho** perso.
prendere	Prendo **il caffè.** → **Lo** prendo.
ringraziare	Ringrazia **le signore.** → **Le** ringrazia.
salutare	Salutano **il professore.** → **Lo** salutano.
sentire	Non sente mai **la sveglia.** → Non **la** sente mai.
studiare	Studiamo **l'italiano.** → **Lo** studiamo.
suonare	Suoni **il piano?** → **Lo** suoni?
trovare	Non trovo **le chiavi.** → Non **le** trovo.
vedere	Vedo **gli amici** stasera. → **Li** vedo stasera.
visitare	Visito **il museo.** → **Lo** visito.

9.5.2 Verbi + complementi indiretti - Verbs + indirect objects

Some verbs are commonly followed by an indirect object (see boldtype in the table below).

bastare	**A Marco** i soldi non bastano mai. ⟶ I soldi non **gli** bastano mai.
mancare	**A Livia** mancano i suoi amici. ⟶ **Le** mancano i suoi amici.
parlare	Parliamo **ai nostri genitori.** ⟶ **Gli** parliamo.
piacere	**A Serena** piace il gelato. ⟶ **Le** piace il gelato.
rispondere	Rispondo **al professore.** ⟶ **Gli** rispondo.
sembrare	**A Gino** la TV sembra stupida. ⟶ La TV **gli** sembra stupida.
servire	**A Teresa** serve un vestito per la festa di sabato. ⟶ **Le** serve un vestito per la festa di sabato.
telefonare	Telefono a **Roberta.** ⟶ **Le** telefono.

9.5.3 Verbi + complementi diretti e indiretti - Verbs + direct and indirect pronouns

Some verbs can be followed both by a direct and an indirect object (see boldtype in the table below).

chiedere	Chiedo **a Giulio** di venire. ⟶ **Gli** chiedo di venire. / Chiedo **una spiegazione.** ⟶ **La** chiedo.
dare	Do **le chiavi** a Franco. ⟶ **Le** do a Franco. / Diamo una mano **a Stefano.** ⟶ **Gli** diamo una mano.
dire	Dico **la verità.** ⟶ **La** dico. / Ho detto **a Nina** di venire. ⟶ **Le** ho detto di venire.
leggere	Leggo **il giornale.** ⟶ **Lo** leggo. / Leggo una storia **ai bambini.** ⟶ **Gli** leggo una storia.
mandare	Mando **il documento.** ⟶ **Lo** mando. / Hai mandato l'invito **a Tina?** ⟶ **Le** hai mandato l'invito?
portare	Porto **il dolce.** ⟶ **Lo** porto. / Che cosa porti **a Lena?** ⟶ Che cosa **le** porti?
raccontare	Racconta **la storia.** ⟶ **La** racconta. / Racconta tutto **agli amici.** ⟶ **Gli** racconta tutto.
regalare	Regalo **il mio computer.** ⟶ **Lo** regalo. / **A mia figlia** regalo una collana. ⟶ **Le** regalo una collana.
scrivere	Scrivo **un'e-mail.** ⟶ **La** scrivo. / Scrivo **a Mauro.** ⟶ **Gli** scrivo.
vendere	Vendo **la mia macchina.**⟶ **La** vendo. / Vende la casa **al fratello.** ⟶ **Gli** vende la casa.

9.6 *Ci*

The **"ci" locativo** *is used to refer to a place which has been previously mentioned:*

È un ottimo ristorante, ci mangiamo spesso. (ci = <u>in</u> questo ristorante)

Ho comprato i biglietti per Istanbul, ci passiamo due settimane a giugno. (ci = <u>a</u> Istanbul)

10 Interrogativi - Interrogatives

Interrogatives are used to formulate questions.

interrogative	example	interrogative	example
Chi?	Chi sei?	Quali + *noun?*	Quali corsi frequenta?
(Che) cosa?	(Che) cosa studi?	Quanto?	Quanto costa il libro?
Che + *noun?*	Che giorno è oggi?	Quanto + *noun?*	Quanto tempo hai?
Come?	Come sta?	Quanta + *noun?*	Quanta carne compro?
Dove?	Dove abiti? / Dove va?	Quanti + *noun?*	Quanti amici hai?
Di dove?	Di dove sei?	Quante + *noun?*	Quante amiche hai?
Qual + essere?	Qual è il tuo indirizzo?	Quando?	Quando venite?
Quale + *noun?*	Quale corso frequenta?	Perché?	Perché non telefoni?

G

11 Aggettivi possessivi - Possessive adjectives

11.1 Forme - Forms

Possessive adjectives agree in gender and number with the nouns to which they refer:

Piero, hai visto il mio cellulare e le mie chiavi?"

	masculine		feminine	
	singular	plural	singular	plural
io	il mio	i miei	la mia	le mie
tu	il tuo	i tuoi	la tua	le tue
lei/lui	il suo	i suoi	la sua	le sue
noi	il nostro	i nostri	la nostra	le nostre
voi	il vostro	i vostri	la vostra	le vostre
loro	il loro	i loro	la loro	le loro

Suo, sua, suoi, sue *mean both "his" and "her":*
Marta parla con la sua amica inglese Pamela., Giuliano ha accompagnato a casa le sue amiche.
Loro *never changes, unlike the definite article which precedes it:*
Gianni e Luisa mi danno la loro macchina.
Anna e Bruno hanno invitato i loro amici.
Cristiano e Teresa vendono il loro appartamento.

11.2 Aggettivi possessivi + nomi di parentela - Possessive adjectives + nouns referring to family members

*Possessive adjectives are usually preceded by definite articles (see table above). Singular nouns referring to family members (***padre, nonno, madre, sorella, zio, cugina,*** etc.) do not follow this rule:*
Ti presento mio fratello., Sua figlia è bionda., Tua nonna è molto simpatica.

However, plural nouns referring to family members do follow the above mentioned rule on definite articles:
I tuoi fratelli sono più grandi di te?, I miei nonni sono polacchi., Le sue sorelle sono sposate.

G

As far as singular family nouns are concerned, definite articles are used in the following cases:
- *with the possessive adjective* **loro: il loro padre, la loro zia**
- *when the noun is in combination with an adjective:* **la mia cara nonna, il mio zio siciliano**
- *when the noun is altered:* **la mia sorellina, il mio nonnino**

12 Forma di cortesia - Formal address

*The "she" form (***Lei***) is used for formal address (no matter if one's speaking to a female or a male person). The verb is therefore in the third singular person. The "she" form is used to formally address unknown adults and elderly people (not including relatives, no matter what their age is). When talking to each other, young people use the* **tu** *form even in formal contexts.*

	differences between informal and formal address	
	informal	formal
subject pronouns + verbs	Tu come stai?	Lei come sta?
forms of greetings	Ciao, Paola!	Buongiorno, professoressa!
direct pronouns	Giulia, ti chiamo più tardi.	Signora Sini, La chiamo più tardi.
indirect pronouns	Marco, ti ho detto la verità.	Signor Bini, Le ho detto la verità.
possessive adjectives	Pietro, questi sono i tuoi occhiali?	Professore, questi sono i Suoi occhiali?

13 L'avverbio

Adverbs never change. They are used to better define verbs, adjectives or other adverbs:

Luigi parla bene inglese. **Questo film è veramente interessante.** **Lina suona molto bene.**

13.2 Avverbi di tempo - Adverbs of time

Adverbs such as **appena, già, ancora** *(when used in a negative sentence),* **mai** *and* **più**, *when referring to a verb conjugated in the* **passato prossimo**, *are usually placed between the auxiliary and the past participle:*
Sono appena tornata a casa., Ho già fatto la spesa., Non ho ancora telefonato al medico., Non hanno mai visitato Roma., Non ho più visto Federico dopo il divorzio.

13.3 *Poco, molto, tanto, troppo*

Poco, molto, tanto, troppo *can be used as adjectives, pronouns and adverbs.*

As adjectives they agree in gender and number with the nous to which they refer:
Ho poca pazienza., Hanno sempre troppe cose da fare., Hai sempre molte/tante cose da fare.

As adverbs they never change: **Ho mangiato troppo., Avete una casa molto/tanto bella., Abbiamo studiato poco.**

14 Numeri - Numbers

14.1 Numeri cardinali - Cardinal numbers

14.1.1 Da 0 a 99 - From 0 to 99

0 zero	20 venti	40 quaranta	60 sessanta	80 ottanta
1 uno	21 ventuno	41 quarantuno	61 sessantuno	81 ottantuno
2 due	22 ventidue	42 quarantadue	62 sessantadue	82 ottantadue
3 tre	23 ventitré	43 quarantatré	63 sessantatré	83 ottantatré
4 quattro	24 ventiquattro	44 quarantaquattro	64 sessantaquattro	84 ottantaquattro
5 cinque	25 venticinque	45 quarantacinque	65 sessantacinque	85 ottantacinque
6 sei	26 ventisei	46 quarantasei	66 sessantasei	86 ottantasei
7 sette	27 ventisette	47 quarantasette	67 sessantasette	87 ottantasette
8 otto	28 ventotto	48 quarantotto	68 sessantotto	88 ottantotto
9 nove	29 ventinove	49 quarantanove	69 sessantanove	89 ottantanove
10 dieci	30 trenta	50 cinquanta	70 settanta	90 novanta
11 undici	31 trentuno	51 cinquantuno	71 settantuno	91 novantuno
12 dodici	32 trentadue	52 cinquantadue	72 settantadue	92 novantadue
13 tredici	33 trentatré	53 cinquantatré	73 settantatré	93 novantatré
14 quattordici	34 trentaquattro	54 cinquantaquattro	74 settantaquattro	94 novantaquattro
15 quindici	35 trentacinque	55 cinquantacinque	75 settantacinque	95 novantacinque
16 sedici	36 trentasei	56 cinquantasei	76 settantasei	96 novantasei
17 diciassette	37 trentasette	57 cinquantasette	77 settantasette	97 novantasette
18 diciotto	38 trentotto	58 cinquantotto	78 settantotto	98 novantotto
19 diciannove	39 trentanove	59 cinquantanove	79 settantanove	99 novantanove

The numbers **venti, trenta, quaranta,** *etc. drop the last vowel before adding* **uno** *and* **otto** *(see table above). When* **tre** *is the last digit of a larger number, it is stressed (see above).*

14.1.2 Da 100 in poi - 100 and beyond

100 **cento**	800 **ottocento**	1.000.000 **un milione**
101 **centouno**	900 **novecento**	2.000.000 **due milioni**
112 **centododici**	933 **novecentotrentatré**	1.000.000.000 **un miliardo**
200 **duecento**	1000 **mille**	2.000.000.000 **due miliardi**
250 **duecentocinquanta**	2000 **duemila**	
290 **duecentonovanta**	10.000 **diecimila**	

The plural form of **mille** *is* **-mila.**

14.2 Numeri ordinal - Ordinal numbers

14.2.1 Da 1° a 10° - From 1st to 10th

The first ten ordinal numbers are irregular:

1° **primo**	3° **terzo**	5° **quinto**	7° **settimo**	9° **nono**
2° **secondo**	4° **quarto**	6° **sesto**	8° **ottavo**	10° **decimo**

14.2.2 Da 11° in poi - 11th and beyond

From 11th onwards ordinal numbers are regular. They are formed by dropping the final vowel and adding the suffix **-esimo** *to the cardinal number:*

11° = undici + -esimo→ undicesimo **12° = dodici + -esimo → dodicesimo**
20° = venti + -esimo → ventesimo **100° = cento + -esimo → centesimo**

G

Ordinal numbers are adjectives and, therefore, they agree in gender and number with the nouns to which they refer:
la seconda strada a destra, il terzo giorno, la quinta fermata